核心素养视野下

道德与法治

课堂教学研究

冯传亿◎著

辽宁人民出版社

© 冯传亿　2025

图书在版编目（CIP）数据

核心素养视野下道德与法治课堂教学研究 / 冯传亿
著 . — 沈阳：辽宁人民出版社, 2025.2
ISBN 978-7-205-11125-0

Ⅰ.①核… Ⅱ.①冯… Ⅲ.①政治课—课堂教学—教
学研究—中小学 Ⅳ.①G633.202

中国国家版本馆 CIP 数据核字(2024)第 085140 号

出版发行：辽宁人民出版社
　　　　　地址：沈阳市和平区十一纬路25号 邮编：11003
　　　　　电话：024-23284321(邮　购) 024-23284324(发行部)
　　　　　传真：024-23284191(发行部) 024-23284304(办公室)
　　　　　http://www.com.cn
印　　刷：辽宁一诺广告印务有限公司
幅面尺寸：170mm×240mm
印　　张：10.5
字　　数：170千字
出版时间：2025年2月第1版
印刷时间：2025年2月第1次印刷
责任编辑：张天恒　　王晓筱
装帧设计：识途文化
责任校对：吴艳杰
书　　号：ISBN 978-7-205-11125-0
定　　价：68.00元

前　言

　　我国著名心理学家林崇德曾说:"德育为一切教育的根本,是教育内容的生命所在,德育工作是整个教育工作的基础。"德育教育是我国人才培养不可或缺的部分,对国家与民族的长远发展具有重要意义,而道德与法治课程是学校德育教育的主要阵地,是完成学校德育教育和学生品德养成的重要途径与方式,以立德树人为根本任务,关注学生生理、心理和思想成长的过程,培养学生良好的心理品质、高尚的道德情操和正确的价值观念。

　　核心素养教育关注学生长期发展必备的品格与能力,与德育有着千丝万缕的联系,是落实"立德树人"的重要举措。核心素养是一个立足世界、面向未来的概念。目前,我国教育正从"知识本位"时代走向"核心素养"时代,这是一个全球性的发展趋势。核心素养的提出,是课程改革发展的必然趋势。学科核心素养的提出,更是让教育领域内的各个课程都有了更清晰的方向,同样也促进了道德与法治课的发展。将核心素养的教育理念融入道德与法治课,对德育教育的发展有着重要的积极意义。

　　社会的发展、教育新课程改革的不断推进,以及立德树人教育观的提出与落实,对道德与法治课程教学以及教师的知识、能力和素质提出了新的要求。而对于道德与法治课程的教师,不断提升自己的专业素养与工作能力，提高课程教学的质量和水平，也符合其职业责任与时代使命。

　　本书以核心素养为引领，以优化课堂教学为目标，将道德与法治课堂教学行为作为研究对象，根据教学目标设计相应的教学提升方法，为教师专业化发展提供了有效的途径和方法。本书内容包括：对核心素养内涵、意义、发展等的概述；对道德与法治的课程发展与教学目标、原则的概述；对核心素养视域下道德与法治课堂的教学主题、教学设计、教学方法、学习评价进行阐述和分析；对核心素养视域下道德与法治课堂的教学创新进行分析与探讨。希望能为道德与法治课程的教育工作者以及其他读者提供一定的参考与帮助。

　　由于时间仓促和作者水平的限制，本书可能有许多不足之处，恳请广大读者不吝赐教，提出宝贵意见。

冯传亿

2024年3月

目 录

第一章　核心素养理论与落地

作为世界范围内教育界的新词，"核心素养"从21世纪初被提出到被热议、流行，只有短短20余年的时间，但它所造成的影响已经波及各个领域。因为它不仅关系着国家和民族的命运，更影响着千家万户的未来。但是，核心素养提出的背景是什么？核心素养对于教育有着怎样的影响？对于教学来说，核心素养能带来怎样的革新？为学生的发展指出了怎样的正确方向，使他们享有更快乐的发展和更幸福的人生？所有这一切，是教育者必须面对的问题，值得大家深思与实践。

第一节　核心素养的整体框架

在教育中关注核心素养，就是关注教育最根本的方向。在这个方面，世界各国都开展了深入的研究与探索，取得了丰硕的成果，为教育的发展提供了有效的经验。

一、核心素养的发展与演变

"核心素养"虽是一个新兴词语，但其实在各国的教育历史中，它早已经以各种形式呈现在不同的历史阶段中。同时代的苏格拉底与孔子两位大教育家，都于2000多年前提出美德对于人类社会发展的重要意义。

苏格拉底提出的著名命题"美德即知识"揭示了教育和道德的关系，指出教育的目的就是要挖掘和发展人的美德和向善性。他认为，美德和向善性可通过学习各种知识而获得，教育可以促进人的向善性。而孔子则把"圣人"和"君子"认作当时社会中的理想人才，他认为教育的目的主要就是要把"士"培养成对内能"修己"，对外能"安人""安百姓"的君子，憧憬渴盼"天下为公"的时代和大道得行的"大同"社会。

在国外的教育史中，亚里士多德、柏拉图、西塞罗等著名的大教育家都提出了公民必须拥有正义、智慧、勇敢且懂得节制等德行。在我国，儒家学派的"内圣外王"、南宋理学家朱熹的"明人伦"等都指出了为学者要努力修身养性，成为一名"君子"。明代思想家王守仁的"心学"则提出"知行合一"的观点，强调了人的道德教育和道德实践的重要性。我国明清时期思想家王夫之提出"立志""自得""力行"的教育方法，同样强调了道德的内省与实践。可见，无论中外，人们在教育中都重视对道德的培养，都将高尚的道德品行作为人才的首要标准，这正体现了教育先哲们对素养内涵的思考与理解。

随着工业革命的发生和工业社会的到来，专门行业技能及职业需求导向的关键能力越发受到人们的重视。20世纪来自不同学科领域、有着不同学科取向的研究者以"能力"为中心，对"素养"的概念和内涵进行了新的思考、分析和丰富。20世纪20年代，职业教育开始使用职业本位的理念。20世纪40年代，瑞士著名心理学家皮亚杰在发展科学领域将"能力"解释为具有强而稳定的个性差异的一般智力，通过同化、顺应双向建构过程，不断实现个体与环境的交互作用，用以建构知识与能力。

20世纪90年代，哈佛大学教育研究生院教授、发展心理学家加德纳提出多元智能理论，为素养内涵提供了新视角。他将智力分为言语—语言智能、逻辑—数理智能、视觉—空间关系智能、音乐—节奏智能、身体—运动智能、人际交往智能、自我反省智能、自然观察智能和存在智能9种智能，打破了人们对智力的传统认知。1993年，美国学者斯潘塞等人提出"素质冰山模型"，认为素养是指一个人所具备的外显特质和潜在特质的总和。由此看出，在以工业经济为主导的现代社会背景下，"能力"的概念在人才培养中广泛使用，但是对于人的健全发展所需的情感、态度、价值观等层面仍未涉及。

20世纪90年代以来，世界进入全球化、信息化时代。为了适应复杂多变与快速变迁的多元化需求，人们根据时代的要求，提出了同时包括知识、能力与态度的素养概念，并从关键和核心的角度加强了论证，强调核心素养才是培养能自我实现与促进社会和谐发展的高素质国民与世界公民的基础。

因此，人类的进步和社会的发展，正是核心素养概念演变与发展的推动力。核心素养的变迁反映了人类社会生产力与生产方式的发展变化，也反映了教育在社会发展中所起的重要作用，它具有鲜明的时代性和不断优化的动态性。

二、核心素养的内涵与框架

在当今的教育中，以学生的核心素养推动课程改革已成大势所趋。社会需要怎样的人才？教育要培养什么样的人？这些都成了人们关注的热点。

对于核心素养的认识，经济合作与发展组织（OECD）、联合国教科文组织（UNESCO）、欧盟（EU）等都提出了对其概念和内涵的界定。为帮助年轻人应对当今世界技术飞速发展、社会多样化与区域化以及全球化的复杂挑战，经济合作与发展组织从1997年底开始，实施了大规模的跨国研究项目"素养的界定与遴选：理论框架与概念基础"，这成为有关核心素养最有代表性的项目。经多方研讨和论证，其报告《素养的界定与遴选》于2003年形成最终版，并于2005年公布在其官方网站上。凭借OECD在政治、经济、教育领域的国际影响力及其推行的"国际学生评价项目"（PISA），核心素养为21世纪知识经济时代下信息与全球化社会的教育指明了方向。随后，联合国教科文组织、欧盟等都相继采用21世纪的核心素养来设计所有教育阶段的课程。美国、英国、德国、法国、澳大利亚等国家都对核心素养的概念、维度及具体内容进行了界定，对以素养为核心的未来教学和课程给予了高度的关注。在这个过程中，虽然各国际组织和国家在核心素养的表述上存在着一定的差异，但其主旨是同一的，其思想是共通的，即都重视公民最关键的、必要的、重要的素养。

在我国，虽然"核心素养"一词的完整出现较晚，但如果从我国的教育改革、课程改革中去进行延续性的追溯，核心素养应该于20世纪90年代就已出现。1994年8月，《中共中央关于进一步加强和改进学校德育工作的意见》第一次使用了"素质教育"的概念。1999年6月，中共中央、国务院颁布《关于深化教育改革全面推进素质教育的决定》，召开第三次全国教育工作会议，对实施素质教育进行全面部署。进入21世纪，《基础教育课程改革纲要》《国家中长期教育改革发展规划纲要》都明确指出中国教育改革发展的战略主题是素质教育，学生发展的重点是社会责任感、创新精神和实践能力。可见，为反对应试教育而倡行的素质教育与核心素养所关注的方向和重点是一致的，即"核心素养的命题是素质教育的延续与坚守，同时是对素质教育的提升与超越。其具体表现是：'素质'或'素养'的发展都是先天遗传和后天培养相互作用的结果，但素养更强调后天培养，更强调其可发展性，因而也更强调教育的使命"。

2014年3月，教育部发布《关于全面深化课程改革落实立德树人根本任务的意见》，首次在国家课程改革的文件中明确使用"核心素养"一词，并把研究学生发展核心素养体系作为落实立德树人工程十大关键领域中的首要环节。2016年9月13日，中国学生发展核心素养研究成果发布会在北京师范大学举行，会上公布了中国学生发展核心素养的总体框架及基本内涵。

研究报告指出："核心素养是学生在接受相应学段的教育过程中，逐步形成的适应个人终身发展和社会发展需要的必备品格和关键能力。"它是关于学生知识、技能、情感、态度、价值观等多方面要求的结合体；它指向过程，关注学生在其培养过程中的体悟，而非结果导向；同时，核心素养兼具稳定性与开放性、发展性，是一个伴随终身可持续发展、与时俱进的动态优化过程，是个体能够适应未来社会、促进终身学习、实现全面发展的基本保障。核心素养不仅能够促进个体发展，同时有助于形成运行良好的社会。

学生发展核心素养以培养"全面发展的人"为核心，分为文化基础、自主发展、社会参与三个方面，综合表现为人文底蕴、科学精神、学会学习、健康生活、责任担当、实践创新六大素养，具体细化为国家认同等18个基本要点。

综上所述，中国学生发展核心素养，既根植于中国传统文化的土壤，又具有宽阔的国际视域、鲜明的时代特性。从内涵上讲，不仅重视能力，而且重视品格，两者共同支撑，促进人的发展。从功能上看，不仅具有个人发展价值，而且具有社会发展价值，两者统一、融合、互动，相互促进。从整体框架来看，由文化基础、自主发展、社会参与三个维度支撑建构，反映了个体与自我、社会和文化的关系，以丰富的意蕴回答了"教育要培养什么样的人"的本质问题。①

经专家研究确立的中国学生发展的六大核心素养分为文化基础、自主发展、社会参与三个方面，综合表现为人文底蕴、科学精神、学会学习、健康生活、责任担当、实践创新六大要素。

第一，文化基础表现为人文底蕴和科学精神。

①李松林，贺慧. 整合性：核心素养的知识特性与生成路径[J]. 教育科学研究，2020(06)：13-17.

文化是人存在的根和魂。文化基础重在强调能习得人文、科学等各领域的知识和技能，掌握和运用人类优秀智慧成果，涵养内在精神，追求真善美的统一，发展成为有宽厚文化基础、有更高精神追求的人。

人文底蕴。主要是学生在学习、理解、运用人文领域知识和技能等方面所形成的基本能力、情感、态度和价值取向，具体包括人文积淀、人文情怀和审美情趣等基本要点。

科学精神。主要是学生在学习、理解、运用科学知识和技能等方面所形成的价值标准、思维方式和行为表现，具体包括理性思维、批判质疑、勇于探究等基本要点。

第二，自主发展。表现为学会学习和健康生活。

自主性是人作为主体的根本属性。自主发展重在强调能有效管理自己的学习和生活，认识和发现自我价值，发掘自身潜力，有效应对复杂多变的环境，成就出彩人生，发展成为有明确人生方向、有生活品质的人。

学会学习。主要是学生在学习意识形成、学习方式方法选择、学习进程评估调控等方面的综合表现，具体包括乐学善学、勤于反思、信息意识等基本要点。

健康生活。主要是学生在认识自我、发展身心、规划人生等方面的综合表现，具体包括珍爱生命、健全人格、自我管理等基本要点。

第三，社会参与。表现为责任担当和实践创新。

社会性是人的本质属性。社会参与重在强调能处理好自我与社会的关系，养成现代公民所必须遵守和履行的道德准则和行为规范，增强社会责任感，提升创新精神和实践能力，促进个人价值实现，推动社会发展进步，发展成有理想信念、敢于担当的人。

责任担当。主要是学生在处理与社会、国家、国际等关系方面所形成的情感、态度、价值取向和行为方式，具体包括社会责任、国家认同、国际理解等基本要点。

实践创新。主要是学生在日常活动、问题解决、适应挑战等方面所形成的实践能力、创新意识和行为表现，具体包括劳动意识、问题解决、技术应用等基本要点。

第二节　核心素养理论的教学意义

核心素养理论高屋建瓴地阐述了未来人才培养的趋势，更引导着当今教育的方向。可以说，它让教育者更清晰地认识了教育的未来。

一、核心素养理论促进教育性的达成

教学中的"教育性"是德国近代著名哲学家、心理学家和教育家赫尔巴特提出的一条重要的教育教学原则。他认为，教育是以道德素养为最高目的的，教育使学生形成一定的道德品质和道德观念，使之成为"完善"的人，而要达到这一目的最主要和最基本的手段还是教学。要进行道德教育，就必须进行教学；不进行文化知识的教学，就无从实施道德品格的教育。知识和道德具有内在的直接的联系。也就是说，教学是教师预定的某种文化内容通过各种形式被学生掌握的一种活动。教学必须借助某种文化内容的习得（学力的形成），同作为生存能力的人格的形成（教学的教育性）联系起来。从对核心素养的定义中可以看出，核心素养理论既重视"关键能力"，又重视"必备品格"，这种知识、能力与品德同时获得发展提高的教育理论必将对教学现实产生积极的意义。

赫尔巴特认为，不存在没有教学的教育，也不存在没有教育的教学。"教育性教学"就是指作为"思想圈"的形成的"教学"有助于作为"陶冶德行"的"教育"，而"教育"受到"教学"的支撑，才成为各自本来意义上的"教学"与"教育"。换成更易理解的语言来说，"学力"

是同作为生存能力的"人格"联系在一起的，这种"学力"被称为"能动的学力"。确实，"能动的学力"是借助解释、设想、验证等来展开自己的生存世界的一种活动，因而这种形成过程对于学生而言，不是单纯的苦役的连续，而是受到基于生活需求的真正的学习积极性所支配的。

真正意义上的教学过程其实是向人传递生命气息的过程，人才是教学的本体价值所在，学校教育就应当是"人的教育"。作为学校教育的中心工作，教学活动理应顺应时代发展的要求，从核心素养的高度去审视教育性的达成，努力使学生既成为他自己，又成为与一定社会环境相适应的具体人，而不是被概括、被物化的抽象人。品德教学应当直面现在很多学生只注重学科知识的学习，而忽视身心素质的培养而导致的能力差、体质差、心理素质差等问题，关注学生作为一个人所真正需要的东西，把学生必备的素养以知识的形式教给学生并进行教育训练，使之获得内在的、相对固定的身心特征和基本品质结构，并能长期发挥作用，不断获得完善。

从这个意义上说，核心素养理论所促进的教学方式的转变不再只是方法、技术和技能层面的改变，而是教学价值观的变革：尊重每名学生个体存在的价值，通过教育找回"迷失的自我"，以促进人的发展。这才是有温度的教育，才是有教育性的教学。

二、核心素养理论促进教师对课堂教学的引领

随着课程改革的深入和国人对于教育认识的深化，课堂教学的有效性获得越来越多的关注。就品德课程而言，对于课堂的评价不再拘于教师教学的内容与形式，教师把更多的目光投向学生的表现——只有学生在知识、能力、品行等方面获得启示和进步，才是一堂有效的好课。[①]

---

①雷浩.基于核心素养的课程评价：理论基础、内涵与研究方法[J].上海师范大学学报(哲学社会科学版),2020,49(05):78-85.

　　但是，现实中的学生往往仍是接受知识的容器。在部分教师和望子成龙的家长们的督促下，学生很好地掌握了应对考试的学习方法，他们可以把各类知识点背得滚瓜烂熟，把"会考到"的实验做得炉火纯青，却学不会做人的知识：不懂礼仪，不会与人交往……这种现状让人不安，因为在未知的未来，这样的教育不知会造成怎样的影响。基于此，我们用核心素养理论来挑战这无奈的现状。

　　教师的"教"与学生的"学"是教学活动中一对最重要的关系。"学"应当处于核心的地位，"教"是为"学"服务的，而"学"又往往是与"习"紧密相连的，它是对教学本质的理解。学习是意义的建构，意义不是由教材或者由教师等外在的"权威"赋予的，而是由学生自身引申出来的。核心素养理论的提出，让教师在对教材的片面认识和对学生作为完整的"人"认识不足的情况下抬起头来审视自己的教育行为，从生命生存和发展的角度出发去认识教育，不断促进学生发展完善。有了目标的引领，知识的教学和能力的培养都成为推进学生成长的助剂，用教材教，高效率的有效教学也就有了方向。

三、核心素养理论促进学生发展的全面与个性化

　　作为直接指向学生个人发展和社会进步所需要的必备品格和关键能力，核心素养必将成为教育的终极追求目标。它使得立德树人的育人目标得到凸显，更有利于教师的实践操作；它是三维目标的整合，在课程实施的目标、结构、内容、方式以及评价等方面都得到体现。在这些理论的指引下，任何学科的教学都不仅仅为了获得该学科教材所展示的知识，所要求掌握的技能和能力，而是要同时指向人的精神、思想情感，乃至生活方式和价值观的生成与提升。所有的学科教学都要有文化意义、思维意义和价值意义，即人的意义。

　　核心素养的落地，肯定会带来学习内容的重选与变革，更会带来教学模式和教学方式的改变。教师在核心素养理论的引领下将会更加注重学生品德与行为的优化重塑。教师的确需要向学生解释知识是什么，但

更重要的是要让学生了解这门学科对于他的成长具有怎样的意义。这样的学习过程，是需要学生自己去体验、感悟的，通过不断地累积经验达到学习目标。这个过程也就是学生逐步了解学习意义的过程，他们的世界观和价值观也会在教师的用心引领下有所变化，他们会逐渐明白自己作为一个社会人所要担负的责任，从而找到奋斗的价值和方向。

核心素养理论影响下的教师摒弃"知识为本"观念，而改为"核心素养为本"，让学生的学习不仅掌握知识，更发生思维的成长和行为态度的变化，使学生获得良好的学习能力和积极的生活态度。也就是说，这样的教育要让学生成为具有终身学习能力的人。

第三节　核心素养与教学革新

教育理论的推陈出新总会多多少少影响着教师的教学，因此"核心素养"的提出也使很多人心存担忧而采取了观望的态度，只怕又是无头苍蝇一般在教学实践中冲撞一番却又一无所获铩羽而归。更何况，现存的教育评价机制并没有完善到可以考核学生素养的程度，家长注重的还是学生的成绩。可以说，脱离考试成绩而进行的教育革新往往会渐渐削弱乃至消失。但是，我们应该看到当今世界发展的速度之快，只会考试而不具备各类素养的学生肯定是走不远的。

世界教育创新峰会（WISE）与北京师范大学中国教育创新研究院共同发布的《面向未来：21世纪核心素养教育的全球经验》报告向我们描述了以素养培育为主体的世界教育潮流。该报告选取了有代表性的5个国际组织和24个国家或地区的21世纪核心素养框架加以梳理、分析和总结。从该报告中可以发现：全球化、知识时代、科技发展与信息时代、经济成长、职业需求、教育质量提升六项动力因素是全球范围内21世纪核心素养提出的共同推动力。由此可以看出核心素养的提出不是在搞什么"新名堂"，这是一个国际潮流，反映了全球教育变革的基本价值和基本诉求。因此，学习研究核心素养理论并在教学实际中进行实践，同时促成学生学习方式的转变，让学习促进发展，让发展更加全面，是当前教学必须实行的革新。

一、核心素养视域下的课标与教材

核心素养理论为学科教学指明了方向，课标与教材尽显学科化与综合化的特点。品德课程的课程标准充分体现了学生应具备的核心素养，提倡在活动的过程中获得内化。品德课程的教学内容也努力培养学生的核心素养，它并不是只有知识与观念，还需要教师精心组织有效的教学。

品德课程的核心是学会"做人"。而要让学生学会"做人"，绝不可能仅仅是学习知识或者改变一些观念。综观课程标准，我们可以看到品德课程的核心素养不是各领域的学科知识，而是融合性的实践智慧。从课程设置来看，道德与法治课程取代了原来的思想品德课程；在内容上，除历史、地理外，还融合了心理、法律、生活与社会等多个领域，成为一门综合性课程。但这并不意味着品德课程的核心素养就是上述几门学科课程的简单相加，更不意味着品德课程教学可以按其内容的学科相关性划分为心理课、品德课、历史课、地理课或者生活课和社会课，这正是当前教学实际存在的普遍性误解，以学科划分观念为基础的综合课程，是综合课程建设初期阶段的样态。品德课程改革的深化，就是要在实现多学科综合的基础上，突破这种拼盘式的综合观念，进一步明确此综合课程内容的内在结构，使这些综合在一起的多领域的知识围绕着"做人"这一核心目标，实现内在的有机融合，同时也要超越单一的"知"的素养，进入到以广泛的"知识"、切身的"感受"以及明智的"决断"为基础的"做"，从而使这一综合课程发展成为以学生发展为本位的、融合的、广域的综合课程。

因此，教师应该明白，品德课程的核心素养不是让学生在观念上知道一些历史、地理和生活等方面的知识，不是局限于流于形式化的一些课堂实践活动，更不是单纯地灌输道德与价值观念，而需要教师通过正确的引导，通过生活实践才能形成的。正如亚里士多德所强调的，德行的研究"不是为了了解德行，而是为了使自己有德行"。类似的，学做人不是关于人的研究活动，也不是关于人的技艺活动，而是关于人自身的建构以及人的美好生活建构的实践活动。因而，品德课程的核心素养不是观念的和技艺的，而是实践的、行动的，是引导学生在整合、理解知识与观念的基础上，通过现实行动实现生活和人本身的逐步完善。

二、核心素养视域下的教师与课堂

任何教育理论的落地生根都是在一线教师的实践下完成的，一线教师的重要性不言而喻。但大家对于各类理论的认识理解也常常不够到位，对于核心素养理论的认识也不例外——或是把什么都当成核心素养，简单地把自己原先在教学方面做的事情认定为进行有关核心素养的教育，给它们赋予新的包装，改头换面后就成了自己认定的核心素养；或是坚持自己某种偏见或是原有的某种错误认识，将其认定为核心素养，形成了对核心素养概念内涵理解的差异；或是在对核心素养的框架概念学习研究时进行了模式化和定型化。品德学科所应培养的学生核心素养是指向"立德树人"这个总体人才培养目标的，有标准而无模式，有个性而无定式。因此，指导教师对于核心素养理论进行认识和思考是教育革新首要的问题。

（一）基于核心素养的教学要落实学科核心素养

学生核心素养的培养，最终要落在学科核心素养的培育上，要关注学生的思维品质和关键能力。一个人成功的基础包括知识的掌握、思维方法的形成和经验的积累。其中思维方法主要包括形象思维、逻辑思维和辩证思维。品德学科主要培养学生思维具有一定的深刻性、广阔性、辩证性、独立性、创造性等，而之前的德育学习往往注重说教，缺少学生自主的思考和实践，这对培养符合社会要求的创新型人才是不利的。关键能力是指学生获得为完成今后的不断发展变化的工作任务而应获得的跨专业、多功能和不受时间限制的能力，以及具有不断地克服知识老化而终身持续学习的能力。[①]品德学科的教学内容处处体现着对学生关键能力的培养。

现行的教育还注重对学生基本活动经验的培养。基本活动经验对于学生的成长发展非常重要，它包括思维的经验和活动的经验，它教会学生想问题、做事情，而这些经验主要来源于积累，来源于学科核心素养获得落实后的学生的学习和实践。只有落实了学科核心素养，学生才能真正获得全面有效地发展。

（二）基于核心素养的教学要把握本质、创设情境

学生核心素养的形成，不能依赖课堂教学，更重要的是要参与其中的教学活动。学生不能依赖对知识的死记硬背，而应依赖自主学习中产生的感悟与深入思考；不能依赖某一堂课上获得激情和动力，而应是日积月累形成的学生在实践和思考过程中获得的经验积累。因此，基于核心素养的品德课堂教学，要求任课教师要抓住知识的本质，创设生活化的教学情境，启发学生思考，让学生在掌握所学知识技能的同时感悟知识的本质，形成思维，参与实践获得经验，最终形成和发展核心素养。

而真正能达成这样的教学效果，教师必须对核心素养理论了然于心，对教学内容深入研究，更要用不同的视角去了解学生，了解他们到底需要些什么，然后再结合社会对学生发展的要求去进行教学。在课堂上创设情境让学生来感悟，在生活中指导实践让学生来体会，让学生真正理解其中的含义，然后自己得出结论以逐步内化。教师可以在课堂上进行情境模拟活动，让教室成为学生实践的场地，让他们在类似游戏的活动中使用所学的知识，在教师的指导以及与同伴的交流中得以明晰、巩固。

---

①钟柏昌,李艺.核心素养如何落地:从横向分类到水平分层的转向[J].华东师范大学学报(教育科学版),2018,36(01):55-63,161-162.

可见，基于核心素养培养的课堂教学抓住了教育的本质，在适合学生学习的情境中传授知识、培养技能，帮助学生养成良好的学习习惯、生活习惯，启发学生独立思考，不断积累经验。

（三）基于核心素养的评价要关注思维品质、考查思维过程

一般来说，传统的评价都基于知识的掌握情况，主要考查学生对教材中的知识点了解、理解、使用的程度，而融入了核心素养理论的评价除了考查知识技能，更关注学生的核心素养的发展情况。结合品德学科的特点和学生的身心发展实际情况，教师采用过程评价和多元评价相结合的评价办法，通过笔试、品德评定、成长档案袋等对学生的学习情况进行综合考查和评价，关注思维品质，考查思维过程，客观地记录学生发展应具备的能够适应终身发展和社会发展需要的必备品格和关键能力。

品德教学进行动态的全过程评价，既便于学生了解自我的学习、表现状态，做到自勉、自励，也便于学习小组成员间相互学习、相互督促。教师不仅可以充分利用品德学科教育的资源，优化课堂教学环境，促进学生的认知与情感双赢发展，促进他们在学习中培养良好的思维品质，还充分彰显品德学科培养学生核心素养的优势。

三、核心素养视域下的评价与过程

核心素养视域下的评价与过程被称为教学革新的风向标与推进器。在推进核心素养的进程中，应在知识、技能之外有效地评价学生的态度、动机等核心素养中的关键要素，在成绩之外关注学生在认知性、社会性与自主性发展方面的进步，这也决定着核心素养能否真正落地这一实际问题。

（一）品德学科评价的理念要突出核心素养的培养

品德学科教学评价对培养学生核心素养有着举足轻重的影响，它蕴含着丰富的情感因素，更需要师生的互动和较深入的交流。教学评价的

形式与方法将直接影响学生借助学校教育所形成的解决问题的素养与能力——核心素养的形成。

核心素养的培养强调跨学科综合能力，是知识、能力和态度的综合。所以，品德学科教师在进行评价的过程中要依据核心素养理论厘清情感、态度、价值观与知识、能力和行为习惯之间的关系，对学生进行全面的综合测评，使评价由重知识考查真正向学生诸如人格发展、基础学力、关键能力等方面考查的转变，为学生身心健康、学会学习、实践创新、公民道德、国家认同、国际理解、人文底蕴、科学精神、审美情趣等能力的形成奠定基础，并对教师和学生的情感发展起到导向作用，培养学生热爱生活、奉献社会的良好品格，为他们将来参与社会、终身发展创造条件。

（二）品德学科评价的策略要紧扣核心素养的培养

教育的根本任务是立德树人，而培养学生的核心素养就是它具体化的实施过程。品德学科的教学实践让教师不断思考与研究教学评价策略与方法，对促进教学的优化、师生情感的深化，达到良好的学习效果具有深刻的意义。

教师在实施品德课堂教学评价时，可以选择实施显性与隐性的评价策略。显性的评价方法就是教师通过对学生的充分了解，精心设计教学过程，创设师生能进行情感互动的情境，有目的地对不同学生实施不同的问题教学，评价要求也相应地进行改变，在赞赏与鼓励中有意识地培养学生的求知欲望，增强他们克服困难的毅力，使教学过程能满足学生认知与情感共同发展的需要。这个过程中，学生有显性直观的感受与体验。而隐性的评价方法则是教师随时随地关注学生成长，用无言的师爱来鼓励学生。他们对学生的评价也许就是面部表情的细微变化——赞许的眼神、稍稍的颔首，引起师生情感的交融。教师对评价策略的有效实施，既能促进学生学会科学知识，又能增进师生情感的互动与交流，实现培养学生核心素养的目的。

（三）品德学科评价的过程要围绕核心素养的培养

课程改革的指向和品德课程标准的制定都将核心素养的培养融入课堂教学及评价中去，这也符合品德学科教学的特点和优势。只要制定科学合理又简单可行的评价标准，对学生的学习坚持全面多元的评价方式，就能让教学评价达到教育的目的。

1.阶段性多元素评价

品德学科的评价贯穿于教学过程的各个阶段，通过测验或实践、操作、座谈、调查等形式，对学生的品德行为、学习态度、学习兴趣、交往合作、意志品质等进行全方位的评价。教师在评价过程中进一步了解学生，分析存在的问题。对于共性的问题，教师必须修改或重置教学内容和方式，改正错误方法，用更为科学合理的方式推进学生的进步；对于个性问题，教师则需要进行个别辅导，包括家校交流等方式，帮助其获得妥善的解决；如果是学生学习兴趣、个性特点方面存在的问题，教师应从思想、心理、情感等方面入手，在教学中注意激发学生的学习热情，调动主观能动性，使其转为主动学习的状态，积极投入到学习中去。

2.自我评价

根据品德学科特点从多方面将学生的学习过程展开分析，指导学生评价并记录自己做得好、有进步的方面，对于自身还需努力的方面加以分析，找到今后努力的方向，促进学生的自我管理。

3.小组合作评价

教师组建品德学科学习小组，并指导组员自制成长记录册，包括组员认定的组名、口号、座右铭甚至组歌等，收集组员在学习过程中值得记录的作品等，及时总结与反思，积累成长经验，让集体的力量促进每个组员的进步。

基于核心素养的考试评价改革给考试领域带来了机遇，也带来了重大挑战。除了以上方法外，探索其他更多行之有效的评价方式，并有效利用评价结果，仍是当前需要深入研究和探索的重要课题。

第二章　道德与法治课程与教学概述

第一节　道德与法治课程的发展历程

一、国外道德教育和政治教育的发展情况

（一）英国的道德教育和政治教育

英国有着悠久的基督教传统，宗教教育是英国道德教育的重要组成部分，也是英国道德最富有特色的部分。审视英国历史，宗教思想总是作为一种保守的、稳定的力量而存在。在社会的政治道德领域，英国统治者曾经主要通过宗教教育来实现其对下层群众的思想控制。正因为如此，英国历来重视宗教思想的传播，以借助宗教教育进行公民的道德教育。其中青少年的宗教教育主要由学校承担，英国1944年教育法规定，学校有义务实施集体礼拜和宗教教育。在英国的公立小学，宗教课的课时数比算术课的课时数还多，比自然课的课时数多3倍。除了宗教课，学校宗教教育的重要途径还有集体礼拜，即每天上课前15分钟全校学生集中到一起做礼拜。因此，英国早期的道德教育中形成了"由宗教教育解决道德问题"的理念。

20世纪中期以前，英国道德教育完全由宗教教育代替，其学校道德教育的发展一直很缓慢。随着青少年道德方面出现诸多问题，特别是在20世纪60年代青年反抗运动的严重打击下，英国统治阶级及学者认识到加强道德教育的紧迫性，在英国思想界和教育界才逐渐形成"由学校道德教育解决道德问题"的理念。在提升道德教育实效性方面，英国学校道德教育的方式是多样性的，表现为直接方式与间接方式相结合，道德行为准则和社会价值观相结合，道德教育的内容渗透到其他课程和学科，以及开展各种实践活动对学生进行道德教育等。

（二）法国的道德教育和政治教育

整个中世纪，法国在意识形态领域里基督教居于独尊地位。统治阶级积极支持教会势力的扩张，支持教会插手教育并利用教会和宗教神学的力量来实现其对社会的政治控制和对青年的道德熏陶。所有的学校几乎都被教会掌握，学校按照宗教信条教育青年，这个时期道德教育完全是笼罩于宗教神学的阴影之下的。基督教的"上帝创世"说、"君权神授"说、"原始罪恶"说掩盖了阶级压迫和社会不平等的本质，麻醉了人的精神，压抑了人的个性。

文艺复兴之后，宗教教育在法国教育中举步维艰，学校教育逐渐转向资产阶级自由主义教育，自由、平等、博爱等资产阶级思想被人们广泛传播和学习。在人民主权思想的指导下，1789年法国大革命爆发，资产阶级推翻封建王朝黑暗统治，建立起资产阶级专政性质的法兰西共和国。为了巩固革命胜利果实，法国革命领导人向全体公民宣传自由、民主的"共和主义精神"。1870年，第三共和国建立，法国实施义务教育制度，初次开设公民道德课。普法战争失败后，法国学校通过加强爱国主义教育来激发学生的爱国精神。1871年，法国爆发了无产阶级第一次尝试建立政权的巴黎公社起义，虽然起义失败了，但是它给资产阶级的统治敲响了警钟。学校里公民道德课受到重视，关于法国资本主义制度的知识被要求优先讲授。资产阶级加强思想政治教育，尤其是在中小学教育中，传授自由资产阶级的政治道德思想，培养资产阶级的接班人和维护者。

1941年，为反对法西斯主义统治，法国中小学设置公民爱国教育课，发扬法兰西民族精神，教育青少年要保家卫国。第二次世界大战以后，受美苏冷战、青年反抗运动以及新科技革命等影响，法国的思想政治领域加强了公民的政治、道德与宗教教育，教育内容更加意识形态化。法国公民道德教育的内容主要包括人权、民主生活、国家政体、爱国主义、伦理道德等内容。

法国学校的思想政治教育或公民道德教育具有下列主要特点：第一是实行统一管理，法国学校教育由国家教育部门统一领导和具体安排，由专人负责学校的道德教育事业，由专人负责道德教育课程的教学。第二是突出人权原则，提倡个性自由，反对宗教束缚，人权教育在法国公民道德教育中占有核心地位。第三是长期的没有任何约束和限制的自由主义思想的灌输，使受教育者在价值取向上必然走向个人主义。进而，学校道德教育的目标、内容和个人价值观是相矛盾的，导致青少年犯罪问题突出。第四是在教学途径上，除了课堂教学外，注重社会实践活动，如社会调查、参观访问等。第五是在道德教育实现的方式上，一方面道德教育与其他科目的教学相结合，另一方面专门设立公民道德课和宗教课，即"课程思政"和"思政课程"相结合。

（三）美国的道德教育

美国在殖民地时期的道德教育以宗教教育为核心。美国独立至20世纪初，是美国道德教育的奠基时期，其道德教育以性格和人格教育为核心。20世纪上半叶美国道德教育处于黄金时代，其道德教育以公民教育为核心。20世纪中期以后，美国道德教育出现危机，主流意识形态认同受到严重挑战，其道德教育以个人主义教育为核心。从20世纪80年代起，美国道德教育开始复兴，其道德教育以品格教育的回归为主题并成为美国道德教育的主流理念。

美国虽然是当今头号资本主义强国，但也同其他西方国家一样面临着道德教育问题。大工业化运动改变了美国人的生活方式和价值观念，也带来了美国道德教育的根本变革。19世纪末20世纪初，进步主义道德教育兴起。其中，美国实用主义教育家杜威就提倡从孩子的天性出发，促进学生的个性发展，以实现学校道德教育从宗教化向注重现实生活的现代道德教育转变。

1.美国道德教育的目标

美国同其他西方资本主义国家相比，其特点是年轻和多民族，这使得美国的学校道德教育兼具两个特点：一个是注重现实，一个是兼容并包。美国自建国之日起，就确立了美国道德教育的总目标是培养全体国民的美国精神，建立和维持一个统一、强大的美利坚合众国，并培养合格公民。20世纪70年代后，在美国的许多教改方案中都反复强调把学生培养成具有爱国精神，能对国家尽责任和义务的"责任公民"。1975年，美国中等教育改革委员会发布的报告中，对"责任公民"做了一些具体规定，如承认他人享有法律上规定的各种权利的责任、尊重他人威信和价值的责任、遵守各种规则的责任、了解和遵守法律的责任，等等。美国总统里根在1987年的国情咨文中提出美国的十大任务时，就特别强调学校应培养美国人的"国民精神"。"国民精神"主要是指爱国、修养、诺言、恢复伦理道德、纪律等，以适应美国社会发展对人才的需要。2002年，美国总统布什访华期间在清华大学的演说中这样说："大学不仅是培养技术人才，更要培养公民。"这句话集中表达了美国教育的基本理念。

2.美国道德教育的特点

第一，美国的道德教育同整个国民教育一样，因州因区而异，没有形成统一的道德教育形式。有些州制定大纲，按大纲进行道德教育；有些州编制系统道德教育教材，并有严格的考核标准；而有些州既没有大纲也没有教材，不设任何明显的道德教育措施，但在整个教育中表现出强烈的道德教育倾向。

第二，一般来说，20世纪初美国就没有统一过道德教育内容，任由各州制定。到1947年以后，法律禁止公立学校进行宗教教育，道德教育内容更趋多样化。一般学校开设公民学、政治学或社会学，开展内容广泛的活动和生活指导等。

第三，美国的宗教教育包括公民宗教和神学宗教。虽然法律禁止公立学校进行宗教教育，但宗教仍然是美国学校道德教育的基础，许多价值观和道德规范仍出自宗教教义，许多美国人仍把道德教育与宗教教育相等同，占学校总数相当数量的私立学校中宗教教育仍占主导地位。纵观美国历史，宗教与政治有着奇特的结合，"上帝就是美国之王"，美国的宗教精神与自由精神是紧密配合的，共同统治着美国。美国宗教教育的另一亮点是神学与宗教的紧密结合，进而实现道德教育。比如，美国军队中设有牧师处，通常每700名士兵中有一名牧师。他们为士兵布道、祈祷、进行精神安慰，解决士兵的思想问题。再比如，总统就职、国会会议开幕、慈善活动等由牧师主持仪式，强调实用主义德育。

第四，作为世界资本主义的头号强国，美国有着明确的道德教育目标、多样化的道德教育手段和行之有效的道德教育模式，以维护其资产阶级的利益。美国将道德教育贯穿于公民教育的始终，对公民进行政治观教育、品格道德教育和社会责任教育。

二、我国道德与法治课程的发展历程

（一）我国德育课程的设置与演变

德育课程是德育最重要的载体。回顾新中国成立以来思想品德课程的变化，该课程的名称经历了从政治课到思想品德到品德与生活（社会）再到道德与法治的演变，德育课程的发展阶段及其特征如下。

1. 中华人民共和国成立初期，德育注重品德教育，尚未设立统一的德育课程

1952年3月，教育部颁布《小学暂行规程（草案）》和《中学暂行规程（草案）》，其中德育目的是使学生具有爱国思想，国民公德和诚实、勇敢、团结、互助、遵守纪律等优良品质，其内容主要是爱祖国、爱人民、爱劳动、爱科学、爱护公共财物的"五爱"教育。1953年，政务院颁布了《关于整顿和改进小学教育工作的指示》，1954年颁布了《关于整顿和改进中学教育工作的指示》，开始强调日常行为规范教育。1955年颁布的首个《小学生守则》和《中学生守则》，对学生的日常行为规范提出了具体要求。总的来看，从新中国成立到1956年，德育重在道德品质和行为习惯的培养，比较符合未成年人的特点，只是在课程体系中尚未设立统一的德育课程。

2.1958—1978年，德育设立德育课程，称为"政治课"

1958年4月，中共中央召开全国教育工作会议。会议指出，教育是阶级斗争工具，要为政治服务，为生产服务。同年9月发布的《中共中央、国务院关于教育工作的指示》，明确提出："党的教育方针是教育为无产阶级的政治服务，教育与生产劳动相结合。"自此，德育课程由注重品德教育开始转向政治教育，江苏、浙江等地率先设置政治课，而后逐步扩大到全国大部分地区。同时，教育部要求学校每周增设一节班会，以对学生进行时事政治教育，德育政治化倾向由此开始。从1966年开始，正常的学校教育秩序遭到破坏，学校德育被政治化。1978年，教育部颁布《全日制十年制中小学教学计划试行草案》，规定小学和中学开设政治课，每周2课时，主要进行初步的共产主义思想教育和必要的政治常识教育。可见，此时的德育课就是国家统一设置的政治课，德育课程本身政治色彩较浓，具有很强的政治化倾向。

3.改革开放初期，德育课程从政治课转变为"思想品德"课

1979年4月22日至5月7日，教育部召开全国中小学思想政治教育工作座谈会，会后印发了《全国中小学思想政治教育工作座谈会纪要》，批评了德育工作中存在的形式主义与成人化的做法，指出"中小学生的思想政治工作，必须从实际出发，注意青少年的年龄特点，有的放矢，讲求实效"。这对纠正政治课的政治化和成人化倾向起到了积极作用。

1981年3月，教育部颁布《全日制五年制小学教学计划（修订草案）》。《关于修订全日制五年制小学教学计划的说明》特别指出："目前四、五年级的政治课脱离学生思想实际，效果不好。根据坚持四项基本原则、加强青少年思想教育的精神，将现行政治课改为思想品德课，一至五年级每周各1课时。"从政治课到思想品德课，这一重要变化，有力地纠正了德育政治化和成人化的倾向，使德育开始转向学生道德的培养。

1994年，《中共中央关于进一步加强和改进学校德育工作的若干意见》颁布，指出要整体规划学校的德育体系。为落实这一意见，1997年国家教委印发了《九年义务教育小学思想品德课和初中思想政治课课程标准（试行）》，这是第一次以课程标准取代教学大纲，并且把小学和初中的德育课程作为一个整体，确定教学目标要求，规划小学思想品德课和初中思想政治课的教学内容体系，完成小学思想品德课与初中思想政治课整体衔接的任务。可见，1997年的思想品德课课程标准与之前的教学大纲相比，在内容上更强调良好的道德品质培养和文明行为习惯的养成，突出道德教育的基础性和广泛性；在形式上更强调教学的层次性、阶段性、连续性和循序渐进。

（二）道德与法治课程的创设

2012年11月8日，党的十八大在北京召开。在论及教育事业时，党的十八大报告首次提出"把立德树人作为教育的根本任务"，并构建了我国德育事业发展的新动向——"德治与法治的结合"，指出"社会主义道德建设的基本任务是全面提高公民道德素质。要坚持依法治国和以德治国相结合，加强社会公德、职业道德、家庭美德、个人品德教育，弘扬中华传统美德，弘扬时代新风"。党的十八届三中全会进一步提出，要坚持立德树人。同时此次会议进一步深刻、全面阐述了"立德树人"的问题。

2014年10月20日至23日，党的十八届四中全会在北京举行。全会审议通过了《中共中央关于全面推进依法治国若干重大问题的决定》，针对新时代我国教育发展的新任务，本次会议的重要论述在于："坚持依法治国和以德治国相结合，把法治教育纳入国民教育体系，从青少年抓起，在中小学设立法治知识课程。"我国的德育教育开始真正关注法治教育的问题，可见，对我国德育课程发展而言，党的十八届四中全会是个重要转折点，同时会议进一步要求："小学阶段，着重普及宪法常识，养成守法意识和行为习惯，让学生感知生活中的法、身边的法，培育学生的国家观念、规则意识、诚信观念和遵纪守法的行为习惯。"

2016年4月8日，教育部办公厅印发的《关于2016年中小学教学用书有关事项的通知》规定："为贯彻落实党的十八届四中全会关于在中小学设立法治知识课程的要求，从2016年起，将义务教育小学和初中起始年级'品德与生活''思想品德'教材名称统一更改为'道德与法治'。"从2016年秋季学期开始，《道德与法治》教材投入使用。

可见，"道德与法治"课程的产生是党的十八大以后，新时代教育改革发展特别是道德和法治教育新任务的体现，要紧跟时代发展的步伐，体现教育改革新形势与新要求，强调以社会主义核心价值观为引领，把法治教育纳入国民教育体系，充分体现以人为本，为学生成长服务。

第二节　道德与法治课程的教学目标

一、教学目标的含义及层次

（一）教学目标的含义

教学目标是教学活动施行的方向和预期达到的效果，是所有教学活动的出发点和最终归宿。教学目标强调了由学习活动所引发的，学生在学习前后的变化，当完成一段时间的学习后，学生能够做些什么，应该掌握什么，或能够具备哪些特征和能力。简单来说，教学目标就是关于教学将使学生产生何种变化的具体表述，是指在教学活动中期望收获的可测量的学生的学习效果。

（二）教学目标的层次

关于教育教学方面的目标，由于层次不同，可以分为教育目的、教育目标、课程目标及教学目标等。

教育目的是社会培养人的总要求，是依据一定社会的经济、政治、文化、科技发展水平要求和受教育者身心发展规律和状况确定的。它反映了一个国家或一定社会对培养人的方向的指导性要求，往往体现在宪法、教育基本法以及国家的教育方针之中。教育目的的实质是"培养什么样的人"，表达了一定社会终极的教育价值，是教育工作的出发点和最终目标，指导着各级各类教育活动。

教育目标是培养人的方向和规格，是对教育目的的具体化，体现的是对不同性质和不同阶段教育的要求，又称各级各类学校的"培养目标"。如我国现阶段的教育目标旨在对每一个学生进行"养身育心"，以实现学生德智体美劳全面发展，为其终身可持续发展奠定基础；法治教育目标着重普及宪法常识，养成守法意识和行为习惯，让学生感知生活中的法、身边的法，培育学生的国家观念、规则意识、诚信观念和遵纪守法的行为习惯。

课程目标是一门课程的意图和所要达到的教学要求，是具体化的教育目标，是针对某一具体学科领域的特点和学生发展的状况而提出的具体目标。课程目标是课程设置的直接目标，它从课程的角度规定了学生通过某门课程的学习后，在品德、智力、体质等发展方面所应实现的学习效果。

教学目标是对课程目标的进一步具体化，与具体的教学内容和过程密切相关，是关于教学活动能使学生身心产生何种变化的明确描述，是对学生在教学活动中及结束后所要达到的各方面状态的规定或设想，表达了在教学活动中所期望学生收获的学习结果，又称"课堂教学目标"。教学目标是对课程目标的分解和细化，当落实和实现了每一个课堂教学目标，课程关注的大目标也就完成了。教学目标可具体细化为单元目标、课的目标和课时目标。顾名思义，单元目标是在一个教学单元中要完成的任务。课的目标是在一篇课文中要达到的目标。课时目标是每节课要实现的任务。单元目标、课的目标和课时目标层层递进，一个比一个清晰具体。[①]

　　教育目的、教育目标和教学目标三者既相互区别又相互联系。教育目的与教育目标、教学目标之间的关系是普遍与特殊、一般和个别的关系。教育目的是整个教育工作的核心，较广泛、长远，是终极目标，带有理想成分和长期性，为教育工作者指出了努力的方向。教育目标与教育目的相比，显得较为具体，且有一定的针对性和现实可能性。教学目标最为具体，是针对某一具体教学活动提出的，更能在实践层面上进行操作和实施，最具可实践性和可测评性，教育目的、教育目标的主要意图都得通过具体的教学目标来实现。

二、教学目标的功能

　　教学目标不仅是教学活动所要达成的预期目标，还对教学活动具有重要的调节作用。有效的教学目标规定着教师的教和学生的学，支配着教学活动的全过程，对组织教学内容、确定教学重点、选择教学方法、安排教学流程等起着重要的导向作用，是课堂教学的灵魂，是落实课程目标的保障。合理、恰当的教学目标一经确定，有助于规范教学活动的方向性和目的性，避免无目标的随意性教学行为，对课程目标的真正落实和教与学双向活动的高效开展起到积极的促进作用，具体表现如下。

（一）达成课程目标

　　教学目标的准确设立是实现课程目标的基本途径。一个个明确的教

---

①王笑地.基于学科核心素养的教学目标结构及其表述[J].教育与教学研究，2021,35(01):28-39.

学目标，是有计划、成体系、循序渐进地保障课程目标贯彻落实的重要手段。通过设立科学、准确的教学目标，把课程目标、单元目标进行每课时的具体化处理，教师对课程有清晰的认识，避免对课程标准和教学内容的随意阐释，确保了课程的方向性和一贯性，实现课程目标的落地。

（二）调控教师的教学

教学目标是教师教学活动的指南，它调节和控制着整个教学过程，对教学活动的开展具有统领作用。预期的教学目标是教学准备、实施的指挥棒，使教师合理利用课时、科学组织教学内容、选择教学策略，充分发挥教师的主导作用，有效实现对教学的掌控。教师以预期目标为依据，预设、组织和实施教学活动，充分运用设问、探究、体验、测试等方法调控课堂教学，使教学活动朝着预期的目标发展。教学目标还具体反映了教师的教育思想和理念，为了促使学生发生预期变化，达成教学目标，教师会精心组织教学内容，删减、补充或整合给定的教材内容，研究和采用使学生收获最大化的教学策略与方法，科学设计教学过程，调整课堂节奏，优化教学环节，提高课堂效率，确保教学活动的有序性、连贯性和整体性。

（三）激励学生的学习

对学生来说，学习的第一要务应当是明确学习目标。教学目标是以学生为主体，对学生学习效果、程度的描述，是学生进行有目的的学习活动的指标。上课前，明确的教学目标，可以使学生了解预期的学习任务，做到有的放矢，将教学目标内化成自己的学习目标，更好地制定符合自己实际的学习方案，有效地学习。在课堂学习过程中，教学目标可以激发学生的学习动机，改善学生的学习表现。合理的、符合学生认知水平的教学目标能激发学生的学习动机和学习积极性，使学生产生实现目标的强烈愿望，形成学习心向和学习内驱力。学生产生主动参与学习的意识，自觉选择学习方法并监督自己的学习进程，获得较持久的学习动力，提高学习效率。

（四）提供教学评价的依据

对一堂课的评价来说，评课有很多标准，如根据学生的课堂参与程度、教师上课的思维清晰度等，但利用目标来导向测量和评价，看教学是否达到预期目标是最可靠和最客观的标准。教学目标是对学生学习效果的预设，具体的教学目标为检验学生学习效果的达成提供了客观的评价依据。对教学目标的检验，往往包括评判教学目标是否实现、目标达成到何种程度、教学质量如何、能否进一步优化教学过程等都以原定的可测的教学目标为检验的标准和依据。描述为具体行为表现的可操作的教学目标，为科学测试、作出客观评价提供了明晰的指标，为教学评价提供了科学依据，有助于教师对教学过程的评鉴和修改。

第三节　道德与法治课程的教学原则

一、教学原则的含义与依据

（一）教学原则的含义

教学原则是依据教育教学目的，遵循教学规律而制定的指导教学工作的基本原理。从长期的教学实践中总结出来的教学原则，是对教学过程的基本要求。这些要求贯穿于教学过程的方方面面和各个环节，是教师有效开展教学活动、组织教学内容、选取教学方法和教学手段、设计教学组织形式、成功实现教学目标必须遵守的准则。教学原则以学生发展为根本方向，反映了人们对教学活动特点和规律的认识。它的正确和灵活运用，是提高教学质量的重要保证。

（二）教学原则确立的依据

1.教学规律

教学规律是教学发展过程中本质的、必然的、稳定的联系，它客观存在并支配着教学活动。教师在设计、组织、实施教学活动时，需自觉认识和尊重教学的客观规律。教学原则的确立都是建立在人们对教学规律深入认识的基础上的。只有认识、把握和遵循这些规律，才能处理好教学中的各种矛盾关系，使教学达到预期的目的，获得成功。

2.教育目的

教学活动要为一定社会培养人的总目标服务，确立教学原则除了认识和把握教学规律外，还应符合一定社会的教育方针和教育目的的要求。教学原则只有与国家的教育目的相一致，才可能指导好教学工作。党的十八大以来，我国的教育方针是"坚持教育为社会主义现代化建设服务、为人民服务，把立德树人作为教育的根本任务，全面实施素质教育，培养德智体美全面发展的社会主义建设者和接班人，努力办好人民满意的教育"，其中明确规定了我国的教育目的是培养德智体美全面发展的社会主义建设者和接班人，为了达到这一目的，各级各类学校教学都应贯彻和坚持科学性与教育性相结合的原则，育人先育德，把思想道德教育融入各课程的教学中，落实立德树人这一教育的根本任务。

3.受教育者身心发展的规律

学生是教学活动的主体，只有契合学生身心发展规律和年龄特征的教学活动才可能得到学生的欢迎和认可。学生的个体发展都会经历某些基本的共同阶段，但在发展速度、发展的优势领域方面及最终能达到的水平上往往因人而异，具有个体差异。针对学生的认知水平和个性特点而确立的直观性原则和因材施教原则显然符合受教育者身心发展的规律。只有依据学生身心发展的规律和个性特征确立的教学原则，才可能使教学活动达到培养人的目的。

二、道德与法治课程教学的具体原则

（一）生活性原则

生活性原则是指教学要以学生的现实生活为载体，创设生活化的学习情境，关注学生的生活体验，使教学内容和方法回归生活实际，在学生逐渐扩展的生活经验基础上，为学生创设认识和解决现实问题的广阔空间，促进学生健康发展，实现理从生活来、行归生活去的教育目的。

道德与法治作为一门建立在生活基础上的课程，课堂教学应以学生的现实生活为主要源泉，密切联系学生的生活经验，以学生的生活体验和现实问题为切入点，唤起学生对生活的回忆，循序渐进，科学设计教学内容，指导学生的生活行为，增强教学的吸引力和感染力。

生活性原则要求道德与法治课程教学必须贴近学生生活，从学生成长实际和生活需要出发，有针对性地组织教学资源、设计教学活动、选择教学方式、创设生活化情境、开展生活化活动。唯有对生活真实的再现、提炼和升华，通过师生、生生的互动，引导学生进行体验，触动学生的心灵，激发学生的道德情感，将道德情感和道德认知联系起来，形成相应的道德行为，才能提高课堂教学的生动性、参与度和实效性。

在具体的教学过程中，要杜绝脱离生活实际的说教式教学。道德与法治课堂不能仅仅是品德观念的灌输和品德知识的传授，而应融入学生的生活世界，考虑到不同学生的认知差异，根据学生已有的经验设计教学。教学中的学习活动不应抽象地呈现，而应借助一定的"生活事件"使之情境化，这样才能唤起学生的真情实感和参与活动、探究互动的渴望，激发学生学习的积极性。

需要注意的是，道德与法治教学不能仅仅停留在认知和情感层面，还应在立足学生生活的基础上，注重反思生活、超越生活，给予生活智慧的指导，这样才能真正对生活产生影响。教学内容选择上必须满足学生的需要并能为他们所理解和接受，有助于解决他们的困惑和问题。

（二）综合性原则

道德与法治是一门综合性的课程，教学内容来自不同学科、领域，课程将思想品德、行为习惯和法治教育，国情、历史和文化教育，地理和自然、环境教育，生命与安全教育等有机融合；课程还把社会环境、社会生活、社会关系这几个主要因素融于个人、家庭、学校、社会、国家、世界六个领域中，综合交叉。针对本课程特点，在教学中应遵循综合性原则。

生活是一个多样、综合的统一体，教学呈现给学生的世界当然要尽量是学生所看、所闻、所感的世界，而不应是按照成人的思维方式分割的、学科化的世界。因此，教学内容应努力实现相关学科（道德、法治、社会、文化、历史、地理、政治、心理健康等）和相关领域（个人、家庭、学校、社会、国家、世界）的整合与融合。但要注意的是，它不是多种学科和领域的简单叠加，而是以生活为基础，打破原有的学科知识体系，围绕生活范围，螺旋式上升，重新建构的新的综合内容体系。学生通过学习，学到的不仅仅是品德或其他方面的知识，更是一种生活的智慧，形成较完整的人格。

除了内容的综合性，道德与法治课程还具有多元的课程价值和目标，关注学生全面、和谐的发展，强调知行统一。教学目的绝非仅仅是知识的获得、间接经验的掌握，其主导价值在于促进学生国民素养培育和社会性的健康发展。因此，在具体的课堂教学中，其教学内容的选择、活动的设计都应突出其德育功能，在不偏离品德教育这条主线的基调上，实现三维目标的有机统一。[①]

道德与法治课程教学不追求思想品德教学科目或道德规范知识的严密体系，而应以经验为起点，从生活出发，在对学生进行生活教育的同时自然而然地融入品德教育、法治教育，引导学生有理想追求、有良好道德和法治素养的生活，将个人的成长融入家国情感和对社会的责任担当之中。

（三）活动性原则

活动性原则是指课堂教学以丰富多彩的活动为主要形式，让学生在教师的引导下，积极参与各种有意义的真实的活动以培养其道德情感，形成正确的价值判断和良好的行为习惯。

---

① 张燕.道德与法治教学情境创设的基本原则和策略[J].小学教学参考,2021,(03):75-76.

品德的形成与学生对生活的体验、认识和感悟紧密相连，教师的讲解不可能代替学生的主观感受，每个人的情感态度与价值观选择，都是在个人成长实践过程中，通过自己模仿、尝试和践行逐步习得的。道德与法治课堂显然需要改变那种直接或间接呈现道德知识和道德结论的传统做法，应从学生成长中所遇到的种种道德问题出发，用情境或活动来呈现道德，使道德从真实的社会生活中呈现出来，创设有利于学生尝试选择和参与体验的机会，激发他们学习道德的愿望，让学生在积极参与的实践活动中体验、感受和辨析，在体验中认识社会生活，在参与中发展自我，实现道德情感的依从、认同和内化，使学习从认知扩展到情感、心理和人格等领域，在实现知识增长的同时，更促进了学生身心和人格的健全与发展。

基于此，教学活动的设计，首先要保证活动的主题和内容是适合学生的，是他们能够理解的，唤醒他们已有的经验，实现学生已有经验的利用、丰富和提升，使原有的道德生活经验进入学生的学习过程，作为他们自主学习、自主探索的资源存在，激发他们自己去探索、悟出结论，激发他们去追求更好的生活和更好的自我。一切教学活动都应以学生为基点，从学生的视角出发，做出契合其认知水平的安排，使学生用观察、采访、调查、实验、探索、讨论、游戏等多种形式去体验生活，帮助他们认识和解决现实生活中的问题，使学习的过程成为道德成长的有效过程。

（四）开放性原则

开放性原则是指教学以学生的现实生活为依托，拓展课程的教育空间，展现课程内容、形式、资源、时间、空间的开放性特征，使课堂教学面向学生的整个生活世界。

道德与法治课程的教学时空不局限于课堂和学校，教师应将本课程的教学与相关学科以及学校活动、社区活动、社会重大事件等紧密结合，从中捕捉、挖掘鲜活的素材，调动学生在课外学习和活动中获得的知识和经验，充实课程的教学过程。同时将课内学习延伸至其他学科的学习或校内外其他活动中，提高教学的实效性。

教学内容是开放的。所有源于教材或生活实际的，学生感兴趣、有意义的题材，教师都可以拿来运用于教学中。根据教学的需要，教师可对教学素材进行灵活选择、开发和整合，而不能仅固守着给定的教材。

教学渠道和学习空间是开放的。道德与法治课程具有很强的实践性，强调生活体验和社会实践，教学活动不只限于课堂内，还应延伸到课外，从课堂学习拓展到学校、家庭和社会生活。道德培育不可能仅仅依靠课堂内的教育，更重要的在于有针对性地引导学生去践行，指导学生将课堂所学运用到自己的现实生活中。

教学评价的开放性。德育的教学评价不能仅仅关注学生每堂课的学习结果，而应更重视学习的过程表现和日常行为习惯的养成。良好的行为习惯不可能一朝一夕养成，在养成习惯的过程中，还往往会出现反复。教师通过持续常态的督促检查，使课堂学习所获得的认知能够真正影响学生的行为，优化学生的生活。

教学资源的开放性。教师可充分挖掘社会、学校及家庭中的资源：家长和社会人士是可开发的课程人力资源，他们的人际交往、职业背景、社会阅历能使课堂变得鲜活、形象、有温度；校内外的各种活动和环境是可利用的课程环境资源，升旗仪式、班队活动、运动会、假期出游、节日庆祝等活动能使教学变得生动具体；各种国内外、地区新闻和社会热点是可利用的课程内容资源，使课堂变得合时宜、顺形势，实现教学从师生活动向家长、社会各界人士共同参与的活动转变，提高教学的亲和力和针对性。

只有把课堂教育与课外养成相结合，课内活动与课前调查、课后践行相结合，教材的引领与发挥家庭、社会的作用相结合，把学生在收集、观察、调查、比较、讨论、游戏中获得的与自己成长相关的信息、资源、经验充分整合到教学活动中，才能使学生多角度、全过程地在自我体验、感悟和实践中享受道德生成的快乐。

第三章　核心素养视野下道德与法治课堂教学主题

道德与法治课程是一门综合性课程，可以分为个人、家庭、学校、国家、世界等领域的教学主体。不同领域主题教学的内容、要求、价值及教学方法各有不同。

第一节　个人发展教育主题

一、个人发展教育主题的意义与内容

（一）个人发展教育主题的意义

在道德与法治课程中，个人发展主要包括个性心理品质、思想素养、价值观念、道德品质与行为等的培育，重点是学生的个性品质发展。关于个性品质，可以将个性解释为个人特有的气质、兴趣、性格等心理特征的综合，这个解释将个性定位在心理特征上；将品质解释为人在思想作风、行为品德方面表现出来的本质。同时，对与之相关的"品德""品格""品行""品性"等词语也有具体解释，如"品格"为人的品性格调，"品行"侧重人的外在行为表现，"品性"侧重人内在的思想品质和修养。值得注意的是，"品质"一词出现在对品性的解释当中。为此，可以将个性品质看作联合词组，即由个性与品质组合而成，是指人稳定的个性心理特质和思想道

德行为表现的综合表征,包括个体的气质、性格、爱好、道德表现、思想观念、价值取向。①

理解个人发展主题的教育意义不能囿于个人层面,个性品质有个性本质特征的一面,但个性品质的真正意义还是社会性的,只有在社会生活中,个性品质才有意义。这个认识是人们把握个人发展视野、理念、价值的思想原点。它要求人们开展个人发展主题教育:一方面要有鲜明的个体针对性,以及个性化教学的手段和策略;另一方面,还需将个人发展与集体、社会,甚至民族、国家、世界教育紧密结合起来,使个人发展能够适应社会需要。个人发展教育主题是道德与法治课程的基础性、先导性、一以贯之的主题,对学生其他领域主题的学习起着重要的支撑作用。深入把握个人品质教育主题的内容构成、育人价值、教学规律和方法,对全面、精准实施道德与法治课程教学具有重要的奠基作用。

(二)个人发展教育主题的内容

道德与法治的个性品质教育主题由《义务教育道德与法治课程标准(2022年版)》和《青少年法治教育大纲》所确定。

《义务教育道德与法治课程标准(2022年版)》主要围绕"核心素养"来展开,提出"核心素养是课程育人价值的集中体现,是学生通过课程学习逐步形成的正确价值观、必备品格和关键能力"。道德与法治课程要培养的核心素养,主要包括政治认同、道德修养、法治观念、健全人格、责任意识五个部分。政治认同是社会主义建设者和接班人必须具备的思想前提,道德修养是立身成人之本,法治观念是行为的指引,健全人格是身心健康的体现,责任意识是担当民族复兴大任时代新人的内在要求。

《青少年法治教育大纲》的许多内容也体现了个体发展教育的导向。如大纲中提出法治教育要与道德教育相结合,注重以法治精神和法律规范弘扬社会主义核心价值观,以良法善治传导正确的价值导向,把法律的

---

①罗莉.核心素养下道德与法治新课标一体化思考[J].中学政治教学参考,2023(07):42-44.

约束力量、底线意识与道德教育的感化力量、提升精神紧密结合,使青少年理解法治的道德底蕴,牢固树立规则意识、诚信观念、契约精神,尊崇公序良俗,实现法治的育人功能。强调法治教育在义务教育阶段的目标是使学生初步了解公民的基本权利和义务、重要法治理念与原则,初步了解个人成长和参与社会生活必需的基本法律常识;初步树立法治意识,养成规则意识和遵法守法的行为习惯;初步具备依法维护自身权益参与社会生活的意识和能力,为培育法治观念、树立法治信仰奠定基础。事实上,在现代社会中,尊重宪法和法律、崇尚法治与规则本身就是一种个体发展必备的内容,而在法治教育中体现出来的民主、平等、公正、诚信、善良、契约意识等是个体发展在法治社会、法治体系中的个性品质表现。

二、个人发展教育主题的教学思想与方法

(一)个人发展教育主题的教学思想

1.古代个人发展教育主题的教学思想

中国古代教育思想中蕴藏着丰富的个性化教育教学思想,且个性化育人思想与调动学生的学习主体性、积极性以及开放性学习是相连的。在教与学方面,学生个体发展的差异性和主体性是中国古代教育关注的焦点之一,对学生差异性和主体性的认识是个性化教学思想的原点。

"孔子教人,各因其才"(《朱子语类》),从表面上看,孔子的因材施教、教学相长是讲教法,实际上,因材施教源于对每个学习者个体差异性的认识,承认每个人的学习个性和发展路径是不一样的;"教学相长"在强调学习者对教育者的启示意义的同时,变相认可学习者的主体性发展意义。韩愈在《师说》中"无常师"的论述则从开放性学习的视角说明了个性化主体性发展的路径和意义,"圣人无常师⋯⋯孔子曰:'三人行,则必有我师。'是故弟子不必不如师,师不必贤于弟子,闻道有先后,术业有专攻,如是而已"。这里的"无常师"说的是向任何有长处的人学习;"闻道有先后,术业有专攻"则鲜明地表达了学习者的发展路径、兴趣特长的丰富多样性,传统的制式化教育有违学习的成长规律,自主性、个性化才是个体发展的根本路径。

2.现代个人发展教育主题的教学思想

个人发展教育主题教学必须充分尊重人的个性特征,充分调动人学习发展的主体性,致力于促进个性化的良性发展,并使个人发展适应社会发展的需要。由此,道德与法治课程的个人发展主题的教学在总体思想上应尽可能考虑三个要素:①是否充分了解了学生,做足了客观的、实事求是的学情分析,并使尊重个性与规范引领有机结合;②是否抓住了具有普遍意义的个人发展教育要点,以发挥班集体授课制的教育优势,使个人发展教育的特殊性与普遍性有机结合;③是否足够关注个人发展的突出问题,并有个性化教育策略和方法,持续追踪教育,使常规的课程教育教学任务与长期的有责任、有爱心的育人使命有机结合。

(二)个人发展教育主题的教学方法

个人发展教育主题的教学需要遵循先进引领、行为示范、理解包容、以情动人,尊重个体、个性发展等原则。传统教学方法有故事教学法、奖励法、惩罚法等,现代教学较多采用讨论教学法、体验教学法、行为示范法、案例辨析法、美文赏析法等。在传统教学方法中,故事教学法是个体发展的一种古老而经典的教学方法,它通过生动的人物角色塑造,引导学生感受真善美和假恶丑等不同的道德形象,追求真善美。在强调生活教育的当下,故事教学法不应被抛弃,甚至可以通过多媒体,使故事教学法更加直观生动。

传统的奖励教学法是促进学生个体发展的有效方法,而且这种奖励的积极效应体现在学生发展的多个方面,但现今的奖励法过多地表现在教师课堂上即时的、随性的口号上。需要注意的是,即便是口头表扬与激励,用语和方式也需要走心,思考如何将奖励效果最大化。

第二节 家庭教育主题

家庭是社会的细胞,是个人成长的第一所学校,也是个体人格、品性、思想道德发展的终身学校,深刻影响着一个人的行为习惯、个性心理品质、价值观念和思想道德行为;同时,家风、家训、家教、亲情、邻里和睦等也是中国特有的传统文化根脉,是烙印中国文化底色、培育家国情怀的恒久基地。由此,道德与法治将"我的家庭生活"列入专门的教学主题内容,内涵丰富,意义深远。

一、家庭教育主题的意义

把家庭当作课程学习主题不仅是为了让学生了解、认识家庭,学会过健康和睦的家庭生活,还是为了传承中国家庭优秀传统文化,发展现代家庭文明,从家庭作为"社会细胞"的视角促进学生的良性社会化进程。作为道德与法治课程领域之一的家庭教育,其与一般家庭教育的内涵完全不同,它以学生生活视角、学生角色立场、学生社会性发展为主要内容和教育导向,侧重学生的家庭意识、角色与责任、生活常识、亲情关系处理、邻里和睦等教育,而一般家庭教育则是父母主角、主场、主导,阐述父母的责任义务、家庭关系调节艺术、教育子女的方法等。

道德与法治课程的家庭教育意义主要表现在如下方面:

培育学生热爱家庭生活的情感,启蒙良好的家庭生活观念。当前,许多孩子将家庭的爱心、照顾、温情视作理所当然,如不加以正确引导,长此以往,那么家庭的爱与温暖换来的可能是不良的依赖习惯。因此,只有教育引导孩子懂得、珍惜、学会爱家庭之爱,理解家人的辛劳,才能达到家庭教育的真正目的。

引导孩子学习家庭生活,养成健康文明的家庭生活习惯,包括学习了解家庭关系及相处之道,学习力所能及的家务劳动技能,懂得安全使用现代家庭用品、工具和邻里和睦的道理,等等。①

适度弥补现代家庭变革对教育的不足。受中国现代社会变革、城市化变迁的影响,家庭结构小型化,家庭成员工作机制化,邻里关系陌生化,家庭教育功能日渐萎缩。父母受制于孩子未来发展的压力,加之时间所限,把更多的精力和关注点放在孩子的学习成绩上,而对孩子的品行、品性教育关注不够,在这种背景下,道德与法治课程如何与常规家庭教育相结合,主动承担起家庭教育对孩子人格品性教育的短缺,是一个需要深入探索的问题。

弘扬和传承优良家教、家风、家训等家庭美德和文化,使中国传统的优秀家庭文化与现代家庭文明结合起来,发挥家庭文明对社会文明、政治文明的基础性、支撑性作用。

二、家庭教育主题的内容

以社会生活为基础是道德与法治课程建构与教学思路的主线,家庭生活是其中重要的组成部分,由不同学年段形成螺旋递进式的家庭教育内容层次格局。在低年段,将家庭教育主题融入日常生活之中,突出尊重父母长辈、感恩、健康安全的家庭生活及行为习惯、力所能及的家务劳动等主题教育;在中高年段,家庭教育以专门领域、主题呈现,在承接、持续加强低年段家庭教育主题的基础上,扩展家庭关系认识、家庭矛盾调解和调节家庭经济生活等内容,初步将家庭教育引向其作为社会细胞的认识视角,进一步促进学生的社会性发展。

《青少年法治教育大纲》(教政法〔2016〕13号)就家庭教育主题的表述分为总体内容和分学段的教学内容与要求两个部分,其中总体内容要求结合青少年与家庭、学校、社会、国家的关系,分阶段、系统安排公民基本权利和义务、家庭关系、社会活动、公共生活、行政管理、司法制度、国家机构等领域的主要法律法规以及我国签署加入的重要国际公约的核心内

---

①冯伟娥. 新课标背景下道德与法治课教学融入劳动教育的思考[J]. 中学政治教学参考,2023(07):62-64.

容;在分学段内容中,低年级要求初步建立对家庭关系的法律认识,其他阶段没有明确的内容要求。这里的家庭关系的法律认识主要体现在宪法对公民基本权利与基本义务的规定、《中华人民共和国未成年人保护法》《中华人民共和国预防未成年人犯罪法》等法律法规中有关家庭成员、家庭关系的规定。显然,《青少年法治教育大纲》着重从法律对家庭关系规范的角度提出教育要求,使学生初步了解家庭关系的法律常识,初步知道维护家庭的权利能力和行为能力,增强学生的法治意识。

第三节　学校教育主题

学校是人生成长打基础的阶段,也是学生通向社会的漫长阶梯,对学生的思想道德、人格品性、身心健康、知识技能、社会性发展有着终身的重要影响。道德与法治课程之所以设置学校教育主题专门内容,不仅是为了规范学生有序的学校生活,而且通过学校"小社会"的教育,促进学生社会性的健康发展。

一、学校教育主题的意义

把学校当作课程学习主题,不仅是为了让孩子认识、适应学校,很好地运用学校生活实现自我健康成长和发展,还站在学校作为一个具有多功能的社会机构的视角,促进学生的社会性发展。分析学校教育主题的意义有两个基本视野:一是学校教育功能的视野,即学校对人的成长究竟有哪些方面的价值和作用,这是人们将学校作为学生学习主题纳入课程内容的认识基础和前提;二是学生发展的视野,即学生通过学校生活可以实现哪些方面的发展,通过学校主题的课程学习重在发展哪些方面的认知与能力。

学校教育主题的意义主要表现在符合国家层面对教育功能的设定。关于学校教育功能的确定,直接通过有关学校的法律规定的不多,如《中华人民共和国教育法》(以下简称《教育法》)在赋予学校及其他教育机构的权利和义务中,将学校教育功能明确规定为组织实施教育教学活动,贯彻国家的教育方针,执行国家教育教学标准,保证教育教学质量等。更多的学校教育功能体现在对教育和教师教育教学的规定上面,如《教育法》在总则中规定教育是社会主义现代化建设的基础,教育必须为社会主义现代化建设服务、为人民服务,必须与生产劳动和社会实践相结合,培养德智体美劳全面发展的社会主义建设者和接班人,教育应当坚持立德树人,对受教育者加强社会主义核心价值观教育,增强受教育者的社会责任感、创新精神和实践能力。国家在受教育者中进行爱国主义、集体主义、中国特色社会主义的教育,进行理想、道德、纪律、法治、国防和民族团结的教育,应当继承和弘扬中华民族优秀的历史文化传统,吸收人类文明发展的一切优秀成果,教育活动必须符合国家和社会公共利益等。

另外,《中华人民共和国教师法》分别规定了教师的六条权利和六条义务,涉及学生教育功能的有:指导学生的学习和发展,评定学生的品行和学业成绩;贯彻国家的教育方针,遵守规章制度,执行学校的教学计划,履行教师聘约,完成教育教学工作任务;对学生进行宪法所确定的基本原则的教育和爱国主义、民族团结的教育、法治教育以及思想品德、文化、科学技术教育,组织、带领学生开展有益的社会活动;关心、爱护全体学生,尊重学生人格,促进学生在品德、智力、体质等方面全面发展;制止有害于学生的行为或者其他侵犯学生合法权益的行为,批评和抵制有害于学生健康成长的现象等。[①]

上述法律规定可以看作国家对学校教育功能的权威定位和要求,显然,国家从学生成长规律、国民整体素质、人才规格标准、经济社会发展等多维角度对学校教育功能提出了全面的要求,主要包括贯彻国家教育意志、促进学生全面健康而有个性地发展、体现教育对促进社会发展进步的作用等方面。国家的学校教育功能诉求转化为学生学习学校主题的价

---

①唐艺祯.中小学教师核心素养教育胜任力及培育研究[D].重庆:西南大学,2020.

值,就是要求学生将自己各方面的发展与国家民族利益、社会发展进步、未来变革趋势等密切联系起来,为未来走向社会、服务社会和国家做好思想道德修养及知识技能储备。

综上所述,学校教育的基本功能是培养传承人类文明、适应社会、参与社会创造的各类人才。学校是人类文明与知识的殿堂,是学生学习生活的主体场域,还是学生视野的社会生活窗口,就这一意义而言,道德与法治课程中的学校教育主题具有人本性、文化性和社会性。将学校教育主题纳入道德与法治课程体系的目的在于借助学生学校生活经验和平台,因势利导,开展集体观念、规则意识、学校纪律、师生交往、学习发展等方面的教育,增强学生适应、悦纳并积极投入学校生活的能力,进而启蒙他们的社会意识,逐步培养他们认识、适应、参与社会生活的良好态度和能力。

二、学校教育主题的内容与策略

(一)学校教育主题的内容

学校教育主题是道德与法治课程的重要内容,贯穿课程内容体系之中。学校教育主题全面渗透在课程内容标准的四个方面,主要目的是教育引导学生主动适应并积极参与学校的学习生活。就具体内容标准而言,相对直接涉及学校教育主题的内容如下。

健康安全地生活。其中包括:按时作息,生活有规律;在学校里情绪稳定,心情愉快;熟悉学校环境,能利用学校的卫生保健设施。

愉快积极地生活。其中包括:喜欢和同学、教师交往,高兴地学,愉快地玩;在成人的帮助下,能较快化解自己的消极情绪;能看到自己的成长和进步,并为此而高兴;在成人的引导下,学会正确对待自己的学习成绩;在成人的帮助下,能定出自己可行的目标,并努力去实现;能欣赏自己和别人的优点与长处,并以此激励自己不断进步;在学习与生活中遇到问题时,愿意想办法解决;敢于尝试有一定难度的任务或活动。

负责任、有爱心地生活。其中包括：做事认真负责，有始有终，不拖拉；关心他人，关爱同伴，乐于分享与合作；能认真完成自己承担的任务；能初步分辨是非，做了错事勇于承认和改正，诚实不说谎；喜欢集体生活，爱护班级荣誉。

动手动脑、有创意地生活。其中包括：喜欢提问和探寻问题的答案；学习用观察、比较、调查等方法进行简单的生活和社会探究活动；能与同伴交流、分享、反思探究的过程或成果；能对问题提出自己的想法与看法；学习利用图书、电视、网络等多种方法收集需要的资料；在成人的帮助下，能总结、提升获得的经验或信息。

上述内容涉及学生在学校的道德品质、安全、心理、学习、师生交往等方面，教育内容注重行为细节，适合学生的认知特点和规律。丰富的学校教育主题有助于学生全面了解和适应学校生活，为他们的社会化进程打下良好的基础。

随着学生年级的提升，学校教育主题大为缩减，并且以专题领域的形式出现。这样布局的原因是低年段学校教育主题已经非常充分，同时，中高年段课程还需容纳个人发展、家庭教育、社会教育、国家教育、世界教育等广泛的内容，必须有所取舍和选择。就具体内容而言，课程涉及学校教育主题的内容主要集中在我们的学校生活专题领域，共7条内容，包含了学校方位、学校部门与工作人员、学习态度与方法、同学交往、集体教育、班规校纪、班级组织。很显然，学校教育主题有一定理性和高度的提炼与归纳，并突出强调学校生活的观念态度、规矩等意识教育，这是对课程中学校教育主题的合理提升。

（二）学校教育主题的教学策略

学校教育主题的教学策略除了要遵循道德与法治课程常用的教学方式方法，关键还要充分发挥自身优势，利用学校环境和资源，结合学生成长实际和需要，因地制宜，就地取材，有针对性地开展教育教学活动。

1.开发运用校本资源是重要基础

这个资源包括学校发展历史、标志性发展事件、代表性人物、重大教育教学成果等,把这些资源与课程标准及教材课文的内容整合起来,建构适应学校学生实际需要的新的教学内容体系,实现教学资源的校本化再开发、再构造。一些教师将校长、其他学科教师、校工人员等请进道德与法治课堂,参与教育教学活动,就是很好的创意创新。

2.结合学生发展实际

充分研究学生,紧密结合学生发展实际和需要是根本立足点,牢固确立学生才是学校教育主题教学的第一作用对象的人本立场和理念。一般学校教育主题教学要求有学情分析,实施学校教育主题,建议增加"校情分析",还可以事先指导学生做好校内问卷调查、访谈、观察等活动记录,用作教学的第一手资料。这项活动不仅可以为学校教育主题教学服务,还可以在确保安全的前提下培育学生的社会实践能力。

3.扩大教学场域和视野

扩大教学场域和视野既要依纲扣本,又要走出课本、走出课堂,把学校作为大课堂。有些学校的教育主题教学不必在课堂进行,而是可以直接搬到学校相应的场所。如"认识我们的学校"就可以用参观学校场所设备的方式进行;又如"教师节的活动"可直接连接学校开展的相关活动进行,教师在课堂教学中直接开展展示活动成果、体验活动收获即可,不必坐而论道;再如"我加入了少先队"可以直接和少先队活动课相连。道德与法治课程教学还可以与学校开展的国庆节、科技节、艺术节、体育节、文明礼貌月、环保周以及传统节日庆典等一体实施,这是增强道德与法治课程生活性、社会性最好的途径,当然,这需要学校重视道德与法治课程,将其与学校德育工作整体规划、统筹实施。

4.制定学生思想和行为教育方案

制定长期跟踪、指导学生思想和行为的教育方案,全过程指导学生的发展,使道德与法治课程教学不局限于一课、一师、一教材,真正达到促进学生持续、长远、有效、生活化发展的目的。

第四节　国家教育主题

国家教育主题是道德与法治课程内容的重要组成部分,是道德与法治课程育人的高地。无论是从贯彻国家意志,培养国家认同、家国情怀等爱国主义思想的角度,还是从教育社会性的上层建筑原理的角度,抑或是学生个体成长价值的角度,国家教育主题都是学校教育的重点内容。国家教育主题是我国德育类课程的传统领域,中国特色社会主义建设新时代赋予了这个主题以新内涵、新要求。

一、国家教育主题的意义

国家教育主题的基础是国情教育,包括国家的历史文化、发展现状、未来蓝图和理想等。其核心是爱国主义教育,彰显个性、社会性发展、精神塑造的高度,同时也是思想素养和政治素质培育的重要基础。

(一)学生道德情操养成和社会化发展的高地

个人、家庭与国家的关系是中国传统家国情怀重点阐释的主题,尤以《礼记·大学》中对"大学之道"的诠释最为经典:"古之欲明明德于天下者,先治其国;欲治其国者,先齐其家;欲齐其家者,先修其身;欲修其身者,先正其心;欲正其心者,先诚其意;欲诚其意者,先致其知,致知在格物。物格而后知至,知至而后意诚,意诚而后心正,心正而后身修,身修而后家齐,家齐而后国治,国治而后天下平。自天子以至于庶人,壹是皆以修身为本。"这段名篇千古传诵的秘诀在于将个人、家庭、国家利益紧密连接在一起,并给出修为的先后顺序,指明个体修养是基础,齐家是阶梯,治国平天下是最高目标所在。其中的观点和认识成就与现代教育关于人的社会化理论有异曲同工之妙,而且更加占有思想的制高点,明确将国家意识、天下情怀注入个体修养最高境界。最难能可贵的是最后一句话,强调它是天下国民都应当遵循的修身之道,而不仅仅局限于社会精英,这就使得个体修养的路径和目标具有社会性和普适性。

在中国特色社会主义建设时代,个人、家庭与国家的关系依然是国民人格品质、社会道德、民族国家情怀一体修为的重点,这是文化传承,更是新时代的使命。需要强调的是,我们要实现的中国梦本质就是国家富强、民族振兴、人民幸福。将个人发展、中国梦教育和爱国主义教育紧密联系起来,强调实现中华民族伟大复兴中国梦,是当代中国爱国主义的鲜明主题。要大力弘扬基于核心素养的道德法治课程教学探索的爱国主义精神,大力弘扬以改革创新为核心的时代精神,为实现中华民族伟大复兴中国梦提供共同精神支柱和强大精神动力。同时,实现中国梦还要求将个人品格修养深深植根于民族国家发展大局之中,突出爱国和爱党、爱社会主义教育相统一,促进爱国教育、爱国情感、爱国行为相一致,使爱国主义成为根植于每一个中华儿女内心深处的精神内核和行为自觉,让社会主义核心价值观的种子在少年儿童心中生根发芽,把国家、人民、民族装在心中,养成健康、乐观、向上的品格。

(二)加强爱国主义教育的意义

爱国主义教育是学校教育的永恒主题,在中国特色社会主义建设新时代更具有必要性、紧迫性。当代,加强爱国主义教育就是要旗帜鲜明地在课程教材教学中融入伟大梦想,使伟大梦想成为教育教学内容的精神高地,引领学生的学习和成长,其核心要旨是解决之所以学习的问题。

青年一代有理想、有本领、有担当,国家就有前途,民族就有希望。中国梦是历史的、现实的,也是未来的;是我们这一代的,更是青年一代的。中华民族伟大复兴中国梦终将在一代代青年的接力奋斗中变为现实,这也是对少年儿童提出从小学习做人、从小学习立志、从小学习创造的殷切期望。人们可以清晰地认识到,教育现代化在培养人的根本问题上,必须始终不渝地坚持培养有理想、有本领、有担当的人,培养胸怀民族国家情怀的人,培养为实现中华民族伟大复兴中国梦而不懈奋斗的人。

(三)道德和法治是体现国家意志的课程载体

教育是国家意志的体现,贯彻落实国家教育目的,反映国家意识形态及价值观主张,体现国家对人才培养的总体要求。当前,建设教育强国是中华民族伟大复兴的基础工程,要全面贯彻党的教育方针,落实立德树人根本任务,发展素质教育,推进教育公平,培养德智体美劳全面发展的社会主义建设者和接班人,这就是我国教育的国家意志。道德与法治课程的意识形态属性比较强,具有极其重要而特殊的育人功能。道德与法治课程必须责无旁贷地担当起传递国家意志的职责,重点是加强理想信念和中国梦教育,加强社会主义核心价值观教育,培育学生中国特色社会主义的道路自信、理论自信、制度自信、文化自信,努力培养出更多更好的能够满足党、国家、人民、时代需要的人才。

二、国家教育主题的内容与教学策略

(一)国家教育主题的内容

国家教育主题作为道德与法治的重要内容和学生社会性发展的高地,贯穿课程教学的各个阶段。

《义务教育道德与法治课程标准(2022年版)》课程目标中与爱国教育相关的内容主要在"政治认同"与"责任意识"的部分。

政治认同是指"具备热爱伟大祖国、中华民族、中华文化、中国共产党、中国特色社会主义的情感,以及为中华民族伟大复兴而奋斗的志向,能够自觉践行和弘扬社会主义核心价值观"。政治认同主要表现包括:①政治方向。明确中国共产党的核心领导地位,充分认识中国共产党领导是中国特色社会主义最本质的特征,是中国特色社会主义制度的最大优势。拥护中国共产党,坚持中国特色社会主义道路,了解习近平新时代中国特色社会主义思想是当代中国马克思主义、21世纪马克思主义,是中华文化和中国精神的时代精华。②价值取向。践行和弘扬社会主义核心价值观,坚定共产主义远大理想和中国特色社会主义共同理想,增进中华民族价值认同和文化自信。③家国情怀。对家庭有深厚的情感,热爱家乡,热爱伟大祖国,热爱中华民族,自觉铸牢中华民族共同体意识,有以实现中华民族伟大复兴为己任的使命感。培育学生的政治认同,有助于他们形成正确的世界观、人生观、价值观,坚定正确的政治方向,初步树立共产主义远大理想和中国特色社会主义共同理想,成为合格的社会主义建设者和接班人。

责任意识是指具备承担责任的认知、态度和情感,并能转化为实际行动。责任意识主要表现为:①主人翁意识。对自己负责,关心集体,关心社会,关心国家,维护祖国统一和国家安全,具备国家利益高于一切的观念。②担当精神。具有为人民服务的奉献精神,积极参与志愿者活动、社区服务活动,热爱自然,践行绿色生活方式。③有序参与。具有民主与法治意识,守规矩,重程序,能够依规依法参与公共事务,根据规则参与校园生活的民主实践。培育学生的责任意识,有助于他们提升对自己、家庭、集体、社会、国家和人类的责任感,增强担当精神和参与能力。

（二）国家教育主题的教学策略

国家教育主题的教学除了要遵循道德与法治一般的教学方法和策略,还需要重点考虑该主题相对抽象的特点,着力解决教学中人云亦云、毫无个性、形同嚼蜡的空心化教育问题。可以尝试包括信息化、实地考察、问卷调查等综合实践方式,使国家教育主题更接地气,更有生活气息,更能直观感受。还有以下方面的策略:

第一,加强教师的专业培训和学习,充实和丰富教师关于国家主题教育的相关知识,弥补教师专业素养与本课程国家教育主题宽领域、大纵深之间的落差,确保教学内容选材、表达、提炼的正确性、精准性。

第二,注重与信息技术深度融合,充分运用现代多媒体和互联网技术,增强教学的直观性、可感性,拉近国家教育主题与学生生活的距离,并使之形象化、具体化。

第三,加强教学资源整合,紧密结合时事政治,及时接入重大时事题材素材,使教学具有鲜明的时代气息。

第四,充分利用和发挥学生已有的有关国家主题的经验和认知体会,从学生生活经验出发,调动学生学习的主动性。在现代生活条件下,很多学生,即便是乡村的留守儿童,也有随家人或学校组织的活动,通过网络信息、旅游、走亲访友等方式跨区域了解祖国不同地区风貌的经历,初步建立起关于国家地理、人文文化、经济社会发展成就等零碎的观感和认知,这是很好的教育材料和基础。

第五节　世界教育主题

以全球经济一体化、互联网信息互通迅捷化为特征的全球格局,使得地球村更加紧密地联系在一起,因此培育国民世界意识、世界胸怀是教育的时代使命。构建人类命运共同体成为划时代的世界发展主题,建设一个友善、互助、和平、发展的世界体系利在当代、功在千秋,需要每个人的积极参与。世界教育主题是道德与法治逐步扩展的六大教育领域最宽阔的内容主题,彰显了个体社会性发展的时代格局和视野,是个体面向世界学习发展的重要基础,也是课程世界眼光的重要体现。

一、世界教育主题的意义

世界教育主题是国民现代意识培育的重要内容,是个体社会化的时代内涵,它对于开拓国民视野,整体提升国民现代素养,促进中国更好地走向世界、融入世界具有重要意义。

(一)符合世界教育主题和人的社会性发展

全球经济一体化和互联网信息的广泛迅捷互通,使整个世界变成了一个紧密依存、时时相通、利害相关、休戚与共的村落。这种世界发展大势将每个人的命运与世界捆绑在一起,因此养成世界意识、世界胸怀,学会关注世界变化,遵守世界规则,尊重世界多样化不是少数社会精英的专享,而是大众的普遍修养。由此,培育世界意识成为人的社会化最新、最宽阔的领域。道德与法治课程开设世界教育主题，不是简单地了解、认识世界的问题，而是如何引领学生养成世界情怀，培育他们走向世界、参与世界生活、创造世界未来的精神品质和能力的问题。在一定意义上，国民的世界意识、精神和能力培育能够在未来世界发展上掌握更多的话语权、主导权，这也是当今世界教育竞争、人才培养竞争的本质。

（二）符合人类命运共同体思想视域下的世界主题教育

人类命运共同体思想是中华优秀传统文化的现代性创造和创新，是为当代世界和平与发展贡献的中国智慧和中国方案。其基本内涵为构建人类命运共同体，建设持久和平、普遍安全、共同繁荣、开放包容、清洁美丽的世界，具体包括全球生态和谐发展、国际和平发展等内容。道德与法治课程中的世界教育主题必须紧扣人类命运共同体思想，引导学生深刻理解中国人民的世界胸怀和理想，自觉把个人成长和未来发展融入人类命运共同体思想中，立足中国自信，放眼世界发展，坚定创新、协调、绿色、开放、共享"五大发展理念"，培育开放、融通、合作共赢的世界交流交往思想，在向世界学习中发展，在自我发展中贡献世界，立志为世界和平发展和人类进步事业不懈努力。

二、世界教育主题的内容与教学策略

（一）世界教育主题相关的内容

作为世界全球化背景下成长的学生，应该尊重不同国家和民族的文化差异，初步形成开放的国际视野，初步了解影响世界历史发展的一些重要事件，知道不同环境下人们有不同的生活方式和风俗习惯，懂得不同民族、国家和地区之间相互尊重、和睦相处的重要意义。有关世界教育的内容呈现基础性、初步性和观念性的基本特征，其意图并非要求学生系统地、具体地掌握世界知识，而是要求学生通过初步了解世界，培育学习世界的意愿、开放的世界视野、包容的世界情怀、关心世界的情感、参与世界的愿望等。

（二）世界教育主题相关的教学策略

世界教育主题的内容主要聚焦在世界地理、人口、民俗风情、交往交流、环境生态等基本面貌、概况和问题方面，把握世界教育主题，关键有两种策略：一是除了沿用道德与法治一般的教学策略和方法，还必须考虑该主题教学远离学生实际生活的特点，充分发挥信息化教学优势开展教学活动；二是要教育学生有世界视野，教师必先要有世界视野，这一点特别重要，需要强化。

教师培育世界视野的途径不是只有环游世界这一种方法，通过观看影视节目、阅读有关国外的书刊和信息资料、关注国外的新闻动态等都是很好、很有效的途径。可以在三个方面增强教学的全球眼界：一是合理、合法、恰当地引用有关国外的案例素材进行教学；二是与国际理解教育结合起来，开展相关专题教育活动；三是结合国际性节日、纪念日，如地球日、水日、粮食日、和平日等，以及专项国际性活动，如奥运会、地球一小时等，组织学生积极参与，培育人类命运共同体意识和情感。

第四章 核心素养视野下道德与法治课堂教学设计

第一节 教学目标的设计

教学目标是教学的出发点，也是教学行为的归宿，它决定着教与学的根本方向，是教师确定教学重难点、择取与加工教学内容、选用教法学法以及进行课堂学习评价的重要依据，在整个教学过程中起到重要作用。由此可见，教学目标设计得是否精准是影响教学效度的关键。

然而在日常教学中，教学目标问题一直是困扰教师的难点所在。我们在听课调研或者分析部分教师的教学设计过程中发现，有的教师只是凭经验设定教学目标，很少有时间去钻研；有的教师直接套用他人的教学目标或者教学参考书上现成的目标，仅仅将教学目标当成教学任务去完成；有的教师因制定的教学目标出现方向偏离、空泛笼统、没有结合实际以及相同主题不同年段关系错乱等问题，导致教学低效甚至无效的现象还是比较常见的。因此，教师应将追求教学目标设计的精准当作重中之重的事情来做。精准设计教学目标关键要着眼于课程标准和相关纲领性文件、教材以及学生实际三大方面，明确本课程的教学目标是一个完整的目标体系，需要以整体性和系统性的思维来设计每课、每课时的教学基本目标，并在此基础上结合学生实际进一步优化和调试，提升目标的精准度。

一、教学目标的提纲挈领

精准把握教学目标的第一步是解析课程标准和纲领性文件，把握目标设计的向度。课程的实施离不开教师对课程本质的把握，这是保证教学效果最基本、最重要的条件。课程标准包含了课程性质、基本理念、课程设计思路、课程目标、课程内容体系和实施建议等内容，是教师实施课程的基本依据。教师应全面把握课程标准所提出的各方面目标要求，在教学实践中进行具体化、细致化的转化，从而确保其落到实处。如果教师对课程标准把握不到位，在教材理解、目标定位、教学过程的设计和展开等方面就有可能失去依据或偏离方向，那么教学的价值就难以体现了。

道德与法治课程体现了道德与法治的融合。教育部颁布的《青少年法治教育大纲》（以下简称《大纲》）是教材法治教育内容编写的依据。《大纲》提出了法治教育的总体目标和内容，还对义务教育阶段、高中教育阶段、高等教育阶段提出了阶段性的目标和内容。《大纲》从法治教育的角度与课程标准相互融合与关联，共同统领道德与法治课程教学，为教学目标的设计提供依据、指明方向。依据课程标准和《大纲》，精准设计教学目标可以从以下层面展开思考和实践。

（一）课程标准和《大纲》要求与教学目标的对应关系

课程目标和《大纲》目标、课程标准中的内容标准和《大纲》中的内容纲要、教学目标三者是教育目标体系中不同层面的目标体现形式。每个层面的目标在范围、功能、运用上都有各自的特点，同时它们之间又存在着相互联系、相互对应的关系。课程目标和《大纲》目标体现的是一个阶段（学段）的学习结果，是一个长期的、宏观的、抽象的目标，是相对"上位"的。课程标准中的内容标准和《大纲》中的内容纲要是某一阶段的学习结果，是宏观的目标要求。教学目标是较短时间的学习结果，是微观具体的、具有可操作性的。宏观目标对微观目标起统率引领作用，而短期、微观目标的一次次达成又保证了长期、宏观课程目标的实现。把握两种目标的关系能帮助我们准确找到每次教学的出发点。如果教师能明确目标的定位，厘清它们之间的对应关系，那么在设计教学目标时可以更加有的放矢。

（二）运用多种策略实现目标分步转化

因课程标准和《大纲》的内容与要求的落实具有长期性、综合性、多向度，需要在不同阶段分步实施。同时，虽然有部分课程标准要求相对具体，且本身已具有一定可操作性，但大部分课程标准要求是较为凝练的，需要教师深入解读，在理解其内涵价值后，将其转化为具体的、可操作的教学目标。而《大纲》虽然分学段提出了教学内容与要求，但它是以散点式嵌入学习材料之中的，需要教师去主动挖掘法治教育内容。因此，将课程标准和《大纲》的目标和内容要求转化为教学目标就成为精准设计教学目标的重要一环。

在转化合适的教学目标时，需要思考合适的路径和策略，即在面对具体的教学内容时，教师要关注领域之间目标的互通和关联，需要将其进行解构处理，结合具体的教学内容和教学实际采用分解、直接取用、提炼、创生等策略，化抽象为具体，化凝练为浅白，将课程标准和《大纲》的内容与要求转化为适切的教学目标。以分解策略转化目标为例，教师可以按照"单元目标—全课目标—课时目标—环节目标"的思路分层、分步从不同侧面解构课程标准、《大纲》要求，让课程标准或《大纲》要求逐步细化，从而得以落实。

二、把握教学目标的梯度

除了课程标准和《大纲》，教师进行教学设计必不可少的重要依据就是教材。教材具有多方面的价值和功能，可以从不同立场进行定位。从学生立场来定位教材，教材就是滋养学生精神成长的"文化要素"；从教师立场来定位教材，教材就是教学文本、教学指引，当然，教师立场也需要借助学生立场的实现来实现。例如，《道德与法治》教材鲜明地体现出的特点是它既是学生的"学本"，可以引领学生的学习，也是教师的"教本"，可以引领教师的教学。由此可见，从价值、功能和体系特点上看，教材都是教师研究与设计教学不可回避且极其重要的载体和资源。

要让教学目标体现精准性的关键在于教师要具有整体性和系统性思维，从"大处着眼，小处着手"，以"全套教材—整册教材—单元教材—单课教材"的思路，从"通读各册教材，了解目标体系的逻辑性""熟悉本册教材，注重各单元目标的承接性""立足本单元教材，关注教学目标之间的关联性"三个层次展开研读，让教材在教师心目中建立立体式的内容框架，完整领会教材体系，准确把握教学梯度。[①]

（一）通读教材并了解目标体系的逻辑性

《道德与法治》教材内容与学生生活紧密结合，整体规划整个学习阶段的道德与法治教育内容。依据教育规律和人的认知发展规律，同一生活领域内，教材遵循了综合交叉、螺旋式上升的编写特点，同样的学习内容在不同主体（领域）、不同年级循环出现，但学习要求、难度逐步提高。这一设计特点要求教师在制定教学目标时，要考虑同一学习内容的不同年级目标梯度。因此，通读全套教材是进行教学前必要的功课，有助于教师掌握教材的内容体系和结构脉络，正确理解和把握各册教材的主题和内容。这样，教师在设计教学目标时，就能关注到不同年级相同主题的目标指向与达成程度是不一样的，相似的课文在不同年段的目标梯度和定位也是不一样的，就能把握好目标的深浅度，在目标的衔接上做到灵活驾驭。

仔细解读这些不同学段与家庭生活相关的单元主题，会发现各册相关单元的目标要求是随着课标要求和整册教育主题的变化而变化的，整

---

①唐萍，仲伟松. 立足核心素养达成三维目标：以初中《道德与法治》教学为例反思三维目标融生[J]. 盐城师范学院学报（人文社会科学版），2019，39（04）：112-116.

体呈螺旋式上升的特点，以"启蒙—延续—深化"的梯度层次逐步落实对课程内容的教育。因此，只有通读全套教材，教师才能对整套教材的主题和内容系统了然于胸，才能在目标设计时把握好梯度。

（二）熟悉教材并注重各单元目标的承接性

教材遵循人的成长规律，每册教材都结合学生在不同年龄阶段面临的重要生活事件与发展性问题设置了相对集中的教育主题。这些教育主题以明暗两线的思路分解细化，体现在每个单元之中，因此，单元与单元之间不是独立割裂的存在，而是以学生生活的时间与空间变化为显性线索，其中具有一定承接性。教师在设计教学时，需要明确本册教育主题在各单元中是如何体现的，单元与单元之间存在怎样的关系，教学目标的设计如何科学体现这种逻辑性等问题。

以一年级下册为例，本册的教育主题是"养成好习惯"，围绕这个主题设计了四个单元，分别为"我的好习惯""我和大自然""我爱我家""我们在一起"。根据这一阶段学生的心理亲近程度，引导学生逐步在自己养成好的生活与学习习惯的同时，学会与自然、与家人、与同伴和谐共存、相互依赖、相互支持。四个单元之间的关系是：第一单元是基础，后面三个单元是根据儿童生活领域变化的扩展，同时在与自然、他人的共处中又进一步深化对自我好习惯的培养。

《让我自己来整理》一课的主要教学目标就是"养成整理的好习惯"，整理习惯是学生重要的日常生活习惯，与第一单元"我的好习惯"具有承接关系，其中，《我们爱整洁》也是侧重对学生良好卫生习惯的培养。教师在设计教学时需要发现这种关系，但不能简单地一概而论。实际上，它们在教学目标的设计上有着本质的区别，《让我自己来整理》一课重在引导学生融入家庭生活，反思家庭生活，有意识地、主动地将家庭生活的自然状态逐步转向文明健康、安全愉悦、自主自理的状态。教师设计教学目标时要体现整理习惯给家人带来的影响，要抓住"主动"这个关键词，体现对课程标准第四条要求"负责任、有爱心地生活"，对课程标准第二条"爱父母长辈，体贴家人，主动分担力所能及的家务劳动"的回应和落实。

由此，教师进行教学目标的设计时，要熟悉本册的教学主题与内容，主动去发现单元之间的相关性，并结合单元教学主题深入分析其中的区别。这是本课程教师需要树立的重要意识。

（三）立足单元教材并关注教学目标之间的关联性

《道德与法治》教材最鲜明的特征是主题分明，一个个清晰明确的单元主题体现的是课程标准或《大纲》在某一阶段的具体教育内容。在教材中，每册安排3—4个课题从不同的侧重点分解落实单元主题，每个课题之间以并列、递进或总分的关系编排，其存在较为密切的关联性。在日常听课调研中，我们经常会发现一些教师没有单元意识，往往是就课上课，忽视单元主题及主题下的其他篇目，对相关问题没有进行深入思考，对单元定位、单元目标和单元内容不够了解，这些导致在相关主题单元的教学中出现内容重复或者脱节的现象。

以二年级下册第四单元"我会努力的"为例，这个单元包括《我能行》《学习有方法》《坚持才会有收获》《奖励一下自己》四课。从逻辑上看，前三课是递进关系，从有自信、有方法到有毅力；第四课是本学期的总结课，旨在从整体上鼓励学生看到自己和小组的成长，从而获得自信，同时也看到自己和小组的不足，并能够制订切实的发展计划。在分析教材的编写意图后发现，《我能行》聚焦自信心的呵护与培育；《学习有方法》承接上一课的内容，重在讲学习方法的重要性；《坚持才会有收获》进入毅力的培养；《奖励一下自己》作为单元的总结课，也是学期的总结课，它的作用是立足当下、指向未来。四课内容之间的关联性首先体现于内容的关联，既有前三课与第四课之间"分—总"的关系，也有前三课之间递进的关系；其次是情感的关联，前三课为第四课奠定了情感基调，树立自信、积极乐观的态度，"敢于面对自己的不足"

"体会方法的重要性""遇到困难愿意坚持"等情感的获得是上好第四课的重要基础。因此，教师需要立足本单元主题，分析理解每个教学主题的内涵，明确主题的目标指向，厘清它们之间的相互关系，找准关联处与衔接点，让教学目标的设计更加精准。

三、结合学生实际制定目标

学生实际是影响教学的重要因素，是设计教学目标的基础和起点。从学生个体来看，实际包括学生已有认知和能力水平、情感基础、生活经验、发展需求、个性特征等；从地域范围来看，包括地域、学校和班级文化、家庭背景等对学生的影响，以及他们表现出的不同特征与发展需要等。在具体的教学设计中，往往以学情分析的形式来体现，并在研读课程标准和教材确定基本目标的基础上，根据本班学情进一步细化和调试，最终确定精准的教学目标。因此，对学情的了解和分析是实现教学目标从基本目标走向基于本班学生学习发展需要的精准目标的必要途径，教师应将此作为最重要的一项教学准备来做。

但是，在教学实际中，我们经常会发现，有不少教师忽略或无视学生的实际，没有学情意识，教学设计时对学情分析不够重视，认为这是可要可不要的部分。有的教师虽然在教学设计时有所体现，但只是敷衍地随便写几句，并没有真正有理有据地进行分析，所谓的"分析"和目标的设计还是"两张皮"的状态。也有部分教师虽然有一定的学情意识，但是对如何进行有针对性的学情了解和分析、如何基于学情细化和调试基本目标等这些问题，心中并不明确，因此就存在学情分析泛化或者空化现象。基于此，可以从以下三个层次展开了解和分析学情。

（一）了解学生成长规律，体现目标的科学性

不同年级的学生具有不同的年龄特点和一般成长规律，这些特点和规律对目标的制定、活动的设计、教法的选用以及资源的选择都有重要影响。因此，学生的年龄特点和成长规律是学情的重要组成部分。比如低年级学生思维发展不够成熟，理解能力较弱，不善于调节和控制自

己；在情感方面，情感的实践性和坚持性较差，对教师较为信任和依赖；同时，在同一个年龄阶段，男生和女生的特点和成长规律也会不一样；等等。这些都是学生普遍存在的特点，教师应该去关注和了解这些特点和规律，然后结合教学主题和内容进行具体分析，这样才能保证教学目标的科学性。

（二）重视学生的发展需求，体现目标的适切性

道德与法治课主导的学习方式是"向生活学习"，包括生活的三个维度：过去的生活、当下的生活与未来的生活。"过去的生活"是引导学生通过回望的方式唤醒过去的生活经验，让这些经验成为学生学习的基础，也成为教学中最有意义的教学资源。教材中也有很多环节是请学生讲述自己已有的生活经验。那么，教师课前充分了解学生的经验基础不仅能很好地遵循教材的设计意图，还可以让教学目标更适切，让学生与"过去的生活、当下的生活、未来的生活"真正建立联系，从而更好地体现课堂教学的效度。此外，学生的发展需求是让教学指向学生当下生活和未来生活的重要参考，教师同样需要加以重视。

（三）关注学生的差异性，体现目标的针对性

学生的认知水平、学习习惯和各项能力等差异都客观存在，都是影响教学效度的重要因素。在课程教学中，要兼顾群体需要和个体差异，坚信每个人都有自己的长处，活动中尽可能多地给予鼓励和积极的、建设性的意见，调动学生参与的积极性，让他们尽可能多地体验到成功感，增强自信心。要做到这一点，前提一定是建立在课前对学生的差异性和个性特征充分了解的基础上，并体现在教学目标的设计上。

学生的差异性体现在多个方面：一是地域差异。课程标准、统编教材面向的是全国学生，具有基础性和普适性，虽然教材的编写尽量体现文化的多样性，并且这种差异性在教材编写的过程中已经尽可能考虑，但还是难以完全兼顾不同地区学生客观存在的差异化学习需要。二是学校、班级文化和家庭背景的差异。这些差异就是道德与法治教学面向学生真实生活情境的体现，学校的办学理念、环境氛围、班级建设情况、班主任及任课教师等都决定着差异的形成，同时，差异还体现于家庭环境、亲子关系以及家长对本学科的重视程度。三是学生的个性化差异，如性格、能力、习惯、兴趣爱好等，这些差异都是影响教学的重要因素。

在教学设计过程中，教师需要树立差异意识，将通过观察、调查、访谈等方式获得的学情资料进行整理、综合分析后，再转化为重要的教学资源，在既定的基本目标的基础上，进一步具体化、班本化，渗透在具体的教学目标中，让教学目标体现针对性。

学生的差异性更多地体现于个体之间的差异，体现于认知水平、相关能力、性格特征等各个方面。教师在进行学情分析时，除了要关注学生的一般特点和成长规律，还要关注学生个体之间的差异性，让教学能基于每一个学生的发展，这是提升道德与法治课堂教学效度、温度的重要体现。

第二节　课时内容的划分

一、依据栏目划分

新教材编写秉持的初心之一就是便教利学，使之成为不仅学生喜爱，也方便教师使用的教材。基于此，教材从编写的框架搭建、编写体例到呈现方式都是以课堂教学为出发点，以求最大限度发挥教材为教学服务的宗旨。新教材以栏目活动形式呈现正是呼应了学生学习的特点及教师教学的规律，也为我们以教材活动栏目作为划分课时的依据提供了可能。

（一）以栏目活动的方式呈现教材

教材之所以以栏目活动形式呈现，是为了更好地体现学生道德学习的方式变革：提倡在活动中领悟，在活动中自主建构发展道德品质。我们都知道生活是无常的，是很难完全按照计划进行的。而教育对人成长的重要意义就在于总是有目的、有计划地设计一些教育和教学活动，使学生通过设计的活动获得成长，这是教育生活不同于日常生活的地方。教材设计的现场体验活动主要体现在上述各个栏目的活动中。作为道德学习的重要方式，现场体验活动可以通过以下方面实现促进学生道德成长的目的。

第一，学生还没有形成自觉的生活反思意识，在生活情境中对道德意义的即时性理解与领悟还有待形成。教育中的现场活动体验更多的是对道德敏感性的培养，通过典型活动的设计，帮助他们逐步形成在活动中发现人生道理与生活意义的敏感性与能力。

第二，在生活中，道德是一种内隐性存在，使身在其中的人形成道德无意识状态。而在某些特殊情境下，如道德两难情境、紧急情境和任务驱动情境下，道德的意义与价值则更容易显现出来。教育体验活动往往会设计上述比较典型的情境，向学生再现这种道德存在状态，并对其进行现场引导，因而能够产生更好的教育效果。

第三，特殊现实生活情境所需要的包含道德原则的实践智慧，如逃生、救护等，不能够让学生在现实生活情境中学习、教育的这种现场活动体验，在某种意义上起到提前准备的作用，模拟特定情境，通过演习的方式教学生学会妥善处理这样的问题，以防在现实生活中突然发生这种状况时付出不必要的代价。

（二）依据栏目划分课时的方法

要想适当地划分课时，首先要正确理解教材的整体框架及编写体例。教材在编写时执行了便学利教的指导思想，依据学校每学期的课时总量及课程计划，原则上，单册教材供一个学期教学使用，按一个课题两个课时进行编写。课题内部以栏目的形式呈现具体的教学内容和活动设计。这些栏目既是教材的内容单元、教学目标单元，也是教学活动单元。考虑到课堂教学的实际情况，通常教材设置2—3个活动栏目，这样教师依据教材栏目设计、组织相应教学活动既不会过于繁杂，也不会空洞单调，符合德育课程课时划分的基本要求。因而课时内容的划分可以这些栏目为第一依据，一课时可以包括1—2个栏目，原则上不把一个栏目的内容分在两个课时中。

二、依据内容逻辑划分

在这里特别要指出的是，在教学中，教师要深刻解读教材，把课题与课题之间、栏目与栏目之间的内在逻辑解读清楚，而不是停留在课题和栏目的划分形式上，要清楚它们之间的因果关系、递进关系、主次关系、总分关系、并列关系等，这样才能在课时划分时做到适当。当教师深入了解了教材的编写框架、呈现方式及编写理念后不难发现，在教学中的课时划分应该根据课堂时空的容量，充分考虑学生的年龄因素、心理因素，统筹安排，这样划分的内容课时才能保证教学顺利实施、教学目标成功实现。

合理的课时划分还要注意第二课时的开启处。学习与成长是一个持续深化的过程，因此教师应处理好第一课时与第二课时之间的关系，特别是第二课时的开启处与开启方式，强调"从上节课开始"。当前，回归生活的课程观念在一定程度上已经深入教师内心，表现之一即教师往往会绞尽脑汁地去寻找与教学内容相关的学生生活情景开始一节课的教学。然而在"开始"以后，有的教师依旧是讲授道理、灌输结论。这样的课堂教学很显然没有实现新课程的新理念——回归生活。由此，教师至少可以明白这样一个道理：开课是否从生活入手并不是德育回归生活的本质属性，只有在教学过程中引导学生去体验、去感悟、去获得道德的提升，才算是真正体现德育的回归生活。

这里不是反对课堂教学从生活情景入手开课，而是强调课堂教学的开课不能绝对化、模式化，而应该根据具体的教学内容合理安排、精心设计：有的课堂教学可以采用直奔话题、节奏明快、开门见山的方式；有的可以设计巧妙的活动，让学生在现场即时生成的体验中进入新课的学习；有的可以充分发挥教材中范例的作用，让教材带领着教室里的学生开始新课的学习；有的在上节课学习的基础上引发新的问题，激发学生进一步探究的兴趣；等等。

如果新课堂是将学生的现实生活作为教学的重要资源贯穿在教学活动中，特别是涉及道德判断、选择、提升时，那么在开课时即便没有从生活开始也是可以的，教师从上节课学习而引发的新问题开课，积极主动地调动学生的生活经验来探究问题、解决问题，更能促进学生自主发展，这样更能体现学生的主体性与主动性。

需要指出的是，随着年段的提高，课堂教学要面对逐步扩大的生活领域，学生品德与社会性发展越来越需要通过各种社会要素的交互作用而实现，这就要求我们的课堂教学内容有一定深度。为了保证教学的深度到位，第二课时的课堂教学开课"从上节课开始"显得尤为重要。"从上节课开始"就是要让前面的学习成为新的学习的起点，在一定高度上展开新的学习有利于保证学习的深度与效度。

道德与法治课程的每个教育主题往往分若干个课时来完成，如果课堂教学能充分利用上一节课的学习成果，使得课与课之间的逻辑关系层层递进，那么就会得到一加一大于二的整体效应。实际上，这也符合学生的学习规律。学生的品德形成和社会性发展是一个连续的过程。在学习中，学生已经形成了一定的品德和行为习惯，积累了一些社会生活经验，形成了相应的态度和能力。因此，在教学时要善于调动和利用学生已有的经验，结合学生现实生活中实际存在的问题，共同展开主题探究学习，不断丰富和发展学生的生活经验，使学生在获得内心体验的过程中，形成符合社会规范的价值观。

生活总是周而复始地进行，同样的生活，人的生活经验却可能是不同的。因为课堂教学的对象是人，所以应该关注学生的生活经验，使其不断在最近发展区内实现课程的教育价值。从表面上看，课堂教学从学生的现实生活场景开课与"从上节课开始"的方法不同，实际上这是课堂教学价值观取向上的差异。回归生活的课堂不仅仅关注生活，更关注生活中的人。

第三节　教材内容的选择

随着新教材的推广与使用，广大一线教师经历着由解读静态的、文本的教材向组织动态的、生成的教学蜕变的过程。如果教材编写是课程实施的第一次飞跃，那么凭借教材组织教学则是课程实施的第二次飞跃。从某种意义上说，组织教学比编写教材更为重要，一线教师有责任创造性地在实践中实现从教材到教学的蜕变。要实现这一蜕变，教师首先要完成教材观与教学观的蜕变，并在此基础上掌握合理选取教学内容的方法。

一、教材内容选择的依据

（一）德育观的转变

在课堂教学中，教的功能定位也是德育的基础话题。过去，人们主要是从直接实现教学目标（促进学生身心素质发展）的角度理解教导的功能。如认为教导的主要功能是传授知识、教书育人、"传道授业解惑"等。实际上这种理解忽略了只有学生自身的学习活动才能实现教学目标，其实教师的教导并不能直接实现教学目标。分析教导的功能主要应把握的问题是，教导对于学生学习活动（学习行为）具有怎样的作用或意义。陈佑清比较仔细地分析了教学功能，认为学生学习与发展的基本机制在于学生自身的能动活动，学生能否发展主要取决于他是否能动地参与相应的活动。教导不是决定学生能否发展的条件，而是决定学生能否有效发展的条件。因此，教导对于学习的功能是：它是引起学生能动活动、促进学生有效展开活动过程的条件。教导通过作用于学生的活动而间接影响学生的身心发展，教导作用于学生学习与发展的机制是：教导作用—学生的活动—学生的发展。教导作用并不直接、径直地指向和作用于学生的发展；教导要通过作用于学生活动，才能促进学生的发展。教导作用的直接对象是学生的活动，而不是作为静物的学生（如将学生当作知识容器）或作为学生学习对象的书本知识。

教导作用于学生活动的目的是，引起并促进学生能动、有效地展开学习活动的过程。教导作用于学生活动的方式是对学生活动进行激发、诱导、指导、帮助、示范、评价等。讲授只是教导的一种方式，其主要作用是提供学习对象。教育影响不能简单地授予人、移植到人身上，它必须以学生自身的活动作为中介，才能使外部影响纳入学生主观世界中去，换言之，教师的活动一定要与学生的主动活动相联系，教师所施加的影响一定要构成为学生活动的手段和对象，这样，教育才能产生它的作用，教师无法超越、脱离学生自身的活动而随意教学。

（二）教学观的转变

1.从教教材向生活学习转变

新教材引导教师要建立向生活学习的理念。道德内在于生活之中，是生活的构成性要素。道德和做人的学习不同于一般的书本学习，它必须是在生活中向生活学习。这是21世纪以来德育课程改革的主导思路，已经为大家所熟悉，且日渐成为德育理论与实践工作者的共识。向生活学习也是新教材主导的道德学习方式，包括对生活的三个时间向度的处理方式：过去的生活、当下的生活与未来的生活。

教材中有很多环节，如请学生讲述自己已有的生活经验、呈现或者分享他人过去的生活情境，都是在引导学生向过去的生活学习，而不是只为了导课的需要，也不只是因为从已有经验出发学生更好理解。引导学生回忆、整理已有的生活经验，提取有道德价值的东西，并且学会将回望作为向生活学习的一种重要方法，在不知如何、不知对错时，思索自己过去的经验、同学的经验，从中找到当下的出路。这是一种生活的反刍，而道德意义正是在这种生活的反刍与回味中呈现在学生的心中。①

教材中也有很多现场的活动体验，包括表演、游戏、制作等，这些都是引导学生向当下生活学习的设计，引导学生用心体会每一个当下，发现生活中内在的道德意蕴，理解道德对于生活的构成性影响。

教材中还有一些设计主要安排在学期结束前，或者某个课程的最后，引导学生规划与设计未来，这是明显的未来生活的教育。"未来生活"是理想的代称，是经由过去与当下而连接的，作为目标，未来与过去一起规定当下的存在状态。

综上所述，向过去的生活学习，服务于当下问题的解决，服务于当下的道德困惑，服务于对更美好未来的憧憬。对学生当下生活的指导，不是同过去与未来割裂的，而是统一的，是为了道德意义生活的持续成长。而未来总是出现在当下的话语中，出现在对过去的反思中。道德意义就是这样在孩子们对生活的过去、当下与未来的绵延中呈现与绽放出来的。

2.从"学知识"向解决问题转变

现在有一种较为普遍的现象，教师设计教学课题往往就是照搬教材文本的内容，教学就是想方设法以多种方式学习教材文本知识，并为教学局部的方式创新唤起学生的体验、感受而暗自高兴，但这样只是盲人摸象，学生课堂学习的本质还是在学知识。道德与法治课程是一门以学生生活为基础、以学生良好品德为核心、促进学生社会性发展的综合课程。综合课程的知识观与学习观秉持这样的理念——知识本身不构成学习的目的，而是个人和人类用以探讨生活问题的工具，是为了人的生

①刘彤.小学道德与法治教材落实生命安全与健康教育的思考[J].课程·教材·教法,2023,43(01):104-108,145.

活：在实际生活中发现问题、考虑问题，用多种广泛的知识来探讨与解决问题，在人的生活中运用知识并创新知识；重视把知识运用到对人有意义的问题上去，使知识意义化、价值化。如果只是学习，不指向学生对生活意义的深化理解，不指向对生活问题的解决，那么这样的学习是没有道德意义的。学习者建构他们现在的生活，要活用知识，在参与中学习；所有的社会过程都包括学习，所有的学习也是社会参与的过程；学习是一个意义建构的过程，学习的目的就是能真正面对实际生活中的各种问题。

课程价值取向的转变实际上就是由研究道德的理论态度转向践行道德的实践态度，在这种道德教育的过程中，学生学到的不是枯萎的道德语言符号和知识气泡，而是沉甸甸的生活与道德智慧。如果说教材文本为人们呈现的是符号世界，那么教学就是通过符号学习上升为意义学习、价值学习，并且要把习得的意义与价值观变成生活、行动的指南，最终回到生活世界，教学是为了学生在生活中实践。这就需要教师巧妙地寻找教学的生活切入点，这个点既反映教材意图，又观照教室里学生的真实生活。这个切入点就是符号世界、意义世界与生活世界联系的桥梁。教学中选取学生生活中真实可信的生动事例，采用学生乐于接受的生动活泼的方式，帮助他们认识和解决现实生活中的问题，使教学成为学生体验生活、道德成长和问题解决的有效过程。

3.从教材文本逻辑向课堂教学逻辑转变

虽然教材编写有着自身的文本逻辑，但这不意味着要求教师在现实教学实践中以教材文本逻辑代替教学逻辑。在课堂上，常常可以看到陷入教材文本逻辑误区的教学，在课堂教学中，学生学得更吃力，教学乏味无趣。深入探究就会发现，其实教学是有其自身逻辑的，教学逻辑不能简单地等同于教材文本逻辑。从教材文本逻辑到教学逻辑的设计，是需要教师根据学生实际情况进行调整、补充甚至重构的。德育课程注重学生生活的价值。学生的品德与社会性发展源于他们对生活的认识、体验和感悟，学生自己的生活对本课程的构建具有重要价值，在构建教学逻辑时，如果眼中只有教材，而忘却了课程的初心——道德学习是知与行相统一的过程，注重让学生在体验、探究和问题解决的过程中形成良好的道德品质，实现社会性发展，那就无法走出传统的知识学习的窠臼。教学设计与实施必须注重联系学生的生活实际，给学生自己的生活留出时间，将学生自己的生活引入教学过程中，引导学生在自身的生活实践中发现和提出问题，并通过多种方式帮助学生解决他们生活中的问题，或者为他们生活问题的解决提供某种支撑。这是德育课程非常重要的任务。

4.从被动灌输向主动探究转变

新教材设置了许多栏目，目的是通过多种学习方式引导学生参与到学习活动中来。当然，其效果还要在教学实践中进一步检验。比如中段教材"活动园"，在教学中，有的教师感到"活动园"内无活动，教师在课堂上还是以被动灌输为主。要让诸如"活动园"的内容活动起来，让教学实现学生主体、主动的情态，其实还需要一线教师创造性的教学设计与组织。

课程必须贴近学生的生活，反映他们的需要，教学设计的过程要努力让学生从自己的世界出发，用自己的眼睛观察生活，用自己的心灵感受社会，用自己的方式探究世界，并以此为基础，提升学生的生活与道德。因此，教学设计与组织要根据学生现实生活中存在的问题和需要而展开，学生真实的生活情境即成为课堂教学的内容，同时，教学设计还要尽量提供多样化的生活体验和社会实践机会。在教学中，教师要调动学生的生活经验与认识，引导学生用多种感官去观察、体验、感悟社会，从而获得对世界的真实感受。同时，教师还要注意学生之间经验的差异，鼓励学生与拥有不同经验和观点的同伴、教师和其他人开展交流、讨论和对话，分享经验和感受，使学生的经验成为学生彼此学习的另一种课程资源。

二、教学内容选择的原则

教学内容选择的原则首先体现在内容是否贴近学生生活。《道德与法治》教材贯彻的是"回归生活"的理念，德育课程向生活的回归主要体现在两个层面上：一是出发点上的回归；二是归宿点上的回归。换言之，要使学生通过教材、教学所学得的一切知识能回到他们的生活中去，用以解决他们生活中的问题，改变他们的生活方式，提升他们对生活的认识、态度、价值观等。出发点上的回归是工具意义上的回归，归宿点上的回归才是本质意义上的回归。德育的目的就是引导生活的建构。要把人培养成自觉的生活建构者，就要学会关注生活、反思生活、改变生活。德育首先要从关注现实的生活开始。通过关注，自在的生活被主题化，原有的生活经历被置于意识形态之中，成为学习者所明晰感知的事物，从而有可能转化为自觉的学习对象。生活经验在关注中被"再经验"，使经验得到深化。

教学内容选择的原则还应该包括是否关注学生的经验。学生的经验是新教材的主体内容，也是教学的重要构件。对此，要想让学生吸收和接受教育的意图，就必须使学生"进入"教材。因为在教材编写中"融入"了学生，所以新教材是将生活经验卷入的学习过程。理解了这样的教材编写意图，教学内容的选择便要以关注学生的经验为原则，而不能站在学生生活外围指手画脚。回归生活经验更让人们认识到，教学中教材内容的取舍不仅仅是教师的专业诉求，还应该纳入学生的学习需要。这里的合理与否最终以是否关注了学生的经验来评判。

三、教学内容选择的方法

合理的教材内容取舍是有技巧与方法的，这需要教师在不断的教学实践中总结提升，从而更好地实现课程为学生成长服务。

（一）教材范例的选择

在教材使用过程中，很多教师会发现教材提供了多个范例。这要求教师在使用时要不断地追问：编者举这个例子的意图是什么？为什么是这个，而不是其他的？如果觉得这个不合适，是否可以换成其他的？有哪些范例值得使用？等等。在这种与编者预想的对话和追问中，编者的意图在脑海中渐渐明晰起来。这是一个由教材上的范例这个"点"理解教材意图这个"面"的过程。理解了编者的意图，教材内容的取与舍就不会跑偏，而是根据学生的实际情况，选用对他们而言更为典型的切入点，从而更好地实现教学目标。这是由面及点用教材的过程。准确把握了编者的意图这个面，也会帮课堂跳出就事论事、就范例思考范例的狭窄圈子，从而避免解读教材时"只知表面意思，不懂深刻内涵"的尴尬境地。综上所述，教材中范例的取舍可以概括为由点及面读教材、由面及点用教材。更好地体现教材意图是范例取舍的依据与关键。

另外，教师要思考的就是这个问题的原因，就自己的学生而言，是否可以换成其他的点，换成别的又可能是哪些？作为面向全国的教材，必然要考虑教材的通用性，背上新书包正是新生最普遍的生活现象。然而，教师在课堂上面对的总是具体的学生，他们生活中能感受到"我是学生"的角色意识的事件又有哪些，哪些又是他们较感兴趣、较为生动的？在教材回归生活思路的观照下，教师要尝试着去更深入地了解学生，寻找最适合自己学生的课堂教学切入点。

在考虑是否使用教材上提供的范例或者是否替换这些范例时，教师要善于由点及面，准确了解这一范例背后编者的意图，再由面及点，回到自己学生下的现实生活中。从班上学生的实际出发，引导学生在自己正在过的生活中主动、积极地学习。

（二）教材情境的选择

新教材是一套特色鲜明、适用性广泛的教材。它具有以学生的现实生活为基本线索设置主题、突出养成教育的倾向。教材呈现着一个又一个现实生活中的典型场景，要特别注意的是，这些生活情景传递的不仅是事实性知识等信息，而且要引导学生关注评价性知识与人事性知识，引导学生学会情感—体验型学习方式，从而为他们形成正确的生活态度、良好的道德等打好基础。

道德价值的学习可以分为三种类型：第一，事实性知识，它是关于道德现象是什么、怎么样等的知识；第二，评价性知识，这类知识必须以情感性或体验性思维和态度来加以把握；第三，人事性知识，它是人在直接或间接参与的道德交往关系中由本人领悟、获得的道德经验与体会。在道德价值的学习过程中，这三种类型的学习都是不可缺少的。新课程改革理念特别重视引导学生的后两种学习方式——情感—体验型学习方式。这就要求教师和学生在解读教材中呈现的生活场景时，设身处地把自己的全部身心融入进去，进而获得情感—体验性的理解，在此基础上引导学生推己及人，实现道德情感的相通和道德原则的共鸣，从而产生对道德行为的内在追求。

（三）以事论理选择教材

新教材给人的感觉很精致、耐人寻味，教材中的每一幅图、每一句话都体现出编者的独具匠心：有的是为了调动学生已有的经验和体验；有的是使学生感受到这是一个有意义的而不是漠不关心的话题；有的是指导学生怎样从他们自己的经验中发现问题，激起解决这些问题的愿望和需要；有的是要给予一些信息，使他们得以通过积极的探索、思考、情感体验、认知提高，找出问题的答案。

然而，教材受其呈现方式的制约，只能是从"说事"开始，点到为止。教材作为一种普遍使用的文本，虽然其中融入了生活经验，但它提出的话题、列举的事例不可能全都适宜每一个学生的生活经验。这就需要教师能够根据本班的实际情况对教材进行取舍、替换与补充。但是这种取舍、替换与补充要合情合理，既要符合学生的实际情况，也要暗合编者用原事例的意图。事例可以不要，但意图不可不明，这也要求教师解读教材时要善于透过现象看本质、通过事例讲道理。

第四节　教学资源的拓展

　　遵循"从生活中来，到生活中去"的德育理念，道德与法治课程的教学既要准确深刻地理解教材设计的意图，也要立足于自己面对的学生生活，因而需要突破教材内容的局限，科学合理地开发广阔的课程资源，引导学生走出课本、回归生活。

一、充分发掘教材资源

　　教材是支撑教学最基础的课程资源。用好、用足《道德与法治》教材是资源开发利用的首要任务。教师要依据课程标准，联系生活，在弄懂教材思路的前提下，因地制宜地对教材中的教学内容进行重组、增删、充实。

　　例如，《挑战第一次》是《道德与法治》二年级下册第一单元第一课，该话题着眼于学生日常生活中的"第一次"，通过"挑战第一次"经验的回顾与分享，引导学生懂得"挑战第一次"对成长的重要意义，并进一步引导学生分辨哪些是可以挑战的事。通过现场的体验和感受，增强学生"挑战第一次"的积极性，从而坚定学生勇于挑战、锐意创新的品质。

　　教材设计以"我的第一次"引发话题，让学生回望自己的生活，回顾"第一次"的尝试与挑战。这种回望不是一种简单的复制，而是一种整理与提升、一种反思与提高。学生可以在回顾中说出当时挑战的情境，可以反思当时的心情、体会，也能与"从现在来看"进行比较体验。正是通过今天对过去的回望来引导学生对"挑战第一次"产生积极的意愿。第二个环节"我还想试"结合学生的特点进行设置，他们还有很多想尝试的事情、想挑战的"第一次"。在呈现出学生多种多样的、原生态的想挑战的"第一次"后，教师在教学中应进行适当的、必要的引导和提示，如：哪些事情是大家应该积极去挑战的，哪些事情是应该有准备、谨慎挑战的。比如某些体育运动项目需要有成人的引导和帮助以及人为或器械的保护来作为挑战的必要条件，而不能盲目行动。更重要的是，教师必须对学生表明有的事情是不能去挑战的，比如危及大家生命安全的一些尝试。这个环节除了对学生"挑战第一次"进行了回望和提升，还在道德的层面上进行了辨析。"我们一起来挑战"中的范例提示了挑战不仅不盲目，而且是有技巧的。在教材插图中，可以看到游泳池边有救生员，学生在练习下腰时有体育教师的帮助，这都说明学生在尝试游泳、下腰这一类项目的挑战时，离不开必要的成人以及器械的保护，借此范例，编者想要教师对学生传达挑战不盲目、挑战有技巧，可以在合作中挑战，学会寻求他人的帮助，要特别注意安全等信息。教材的思路清晰顺畅，对学生的生活有明显的指导意义。

二、有效利用校内课程资源

校内课程资源多种多样，教学中要善于启用校内的各类设施设备资源，调用校内丰富的人文资源，凡是能够满足本学科教学需求的有形、无形资源，应尽可能加以利用。其实教材中有些课题的内容是给教师提供上课的思路，具体的内容因为贴近学生的生活才有意义，所以教师必须回到学生的学校生活中，充分利用学生自己所在学校的资源才能够产生预期的学习效果。

如一年级上册第二单元的《我们的校园》、二年级上册"我们的班级"单元中的四课，以及"我在公共场所"中涉及学校生活的部分内容都需要教师在准确理解教材设计思路的前提下，有效利用校内、班级的课程资源，帮助学生建构起自己校内的生活世界。下面以《道德与法治》一年级上册第二单元第五课《我们的校园》为例具体进行探讨。

教材在《我们的校园》一课中呈现了学校的操场、少先队室、食堂、厨房、教师办公室等图片。在现实生活中，不同的学校教学的设施设备也一定各不相同。教师认为教学不仅要让学生认识"教材里的学校"，更重要的是认识自己的学习生活场所。因而教师必须结合本学校实际情况，将最真实、最鲜活的学校生活场景作为课程资源，将校园变成开放性的课堂学习资源，引领学生带着问题与好奇心走进校园。由于刚上一年级的小学生对校园的认识并不深刻，因此参观校园是必不可少的。参观校园不仅能够让学生从感官上初步了解自己今后六年的学习环境，同时能够为学生深入了解学校打下基础。

根据以上思路，教师设计了一系列校园活动："校园探秘""分享探秘""火眼金睛识校园""寻找最美小导游""我与各功能室有个约会""我给'它们'安个家""唱响校歌"。校园活动的设计路线是操场—宣教室—少先队室—食堂—教师办公室。在大的教学思路上，设计囊括了教材上的所有校园要素。因为活动是在自己学校开展的，所以学生获得了自己学校的具体内容。具体任务是学生先到操场进行体验活动，如跑步、跳绳、打篮球等，熟悉操场上的各种运动设施并会安全操作，接着教师带领大家到宣教室参观学习，通过观看视频回顾遇到火警知道如何逃生，同时还认识了许多逃生工具，学习了相关的安全知识。接着到少先队室听高年级的哥哥姐姐做介绍，不仅对少先队室有了更深入的了解，还向往着早日当上一名光荣的少先队员，从而激发学生努力学习，早日实现入队。然后通过观看视频，了解食堂工作人员一天的繁忙工作，体会工作人员的辛苦，并让学生向这些辛勤的工作人员说声"谢谢"。最后通过看图片，让学生讲一讲教师不用上课的时候在办公室做些什么。学生结合自己平时的观察娓娓道来，在这个教学过程中，感恩教育渗透其中。

这样简单有趣的学习任务既帮助学生了解了校园环境，认识了校园设施的功能，又渗透了文明教育、安全教育、感恩教育，激发了学生的学习兴趣。通过学习提高了学生自己发现问题、解决问题的方法和能力，这样，学生就比较全面地认识了整个校园，在认识的过程中增进了对学校的喜爱之情、师生之情，增强了安全意识，收到了较好的教学效果。在道德与法治的课堂上，学生通过活动学到知识、习得技能、收获快乐。这节课教师采用了情境教学法和体验活动教学法，由七大活动灵活贯穿整节课，每个活动都是为学生量身定做的，让学生在真实的活动场景中通过校园探秘、小组合作、分享交流、精彩介绍等方式方法学习道德与法治知识，掌握生活技能，养成良好的行为习惯。

三、适度整合校外资源

校外课程资源包括学生家庭、社区乃至整个社会中各种可用于教育教学活动的设施和条件以及丰富的自然资源。如科技馆、电影院、博物馆、研学旅行基地等都是宝贵的课程资源；广播电视节目、报纸新闻、自媒体信息、民风民俗、传说故事、传统节日、文化活动、社会公益活动等是需要经常关注的资源。最为关键的是，这些校外资源也能够建构学生真实的生活世界，是他们不可或缺的伦理空间。为了帮助学生建构完备的伦理空间，教材内容包含：个人生活—家庭生活—学校生活—社区生活—国家生活—世界生活，这一不断向外延展的伦理空间生活，而社区、国家和世界都是学生学校生活之外的生活世界。因此，必须引导他们走出自我、走出家庭、走出学校，走向校外广阔的天地。而这种"走出"，不是概念与命题意义上的，不是逻辑与推理意义上的，也不是空洞的道德原则，而是必须引导他们在自己的校外世界去领会与感受、去理解与建构。在这个意义上，适度整合校外资源是道德与法治课程教学必须有的方式，校外生活进入课堂就如同家庭生活进入课堂一样，是必不可少的一部分。

四、甄别选用网络资源

教师要敏锐地捕捉包括自媒体在内的网络媒体与课程相关的信息，通过搜集、整理、甄别、选用，使其转化为合适的课程教育资源。当前，以互联网为载体的影视片、微视频以及诸多教学课件是深受学生欢迎的教学媒体，教师应该有意识地搜集并合理利用。

课堂教学离不开一个基本要素——信息。无论是教材所呈现的范例，还是教师所提供的学习材料，学生自主学习的观察、体验、感悟等都围绕信息而展开。在信息纷呈的德育课堂教学中，有的教师总担心信息用得不够，不知道如何从学生的现实生活入手扩展学生的生活领域；有的教师把课堂当成信息交流场，结果课堂信息泛滥，造成师生的信息疲劳；有的教师对信息缺乏处理能力，造成教学资源浪费。在课堂教学中，教师需要多种信息，但不是到此为止，而是通过信息渠道的多元化、信息内容的层次性达到让信息帮助学生形成自己的观点的目的。在道德与法治课堂教学中实现信息渠道的多元化。兼听则明，为了让信息更好地激起学生的思考甚至质疑，在德育课堂教学中，教师应鼓励信息渠道的多元化。一方面，教师积极引导学生自主探究，通过小调查、网络搜索等方式让学生自己搜集相关信息；另一方面，教师也要考虑学生搜集信息的能力与局限性，特别是要引导学生对网络信息进行鉴别与选择。如教师要以主体信息提供者的身份直接提供信息，在强调学生主体的同时，充分发挥教师对课堂的主导作用。课堂教学本身就是师生生活的延伸，教师要把自己的生活经验、生活智慧融合到课堂教学中，使其成为学生学习的重要部分。

在道德与法治课堂教学中体现信息内容的层次性。课堂教学追求的是层层剥笋，那么在信息的取舍上也要有内容的层次性，如果在教学中不注意这一点，搜集信息时不进行分类，那么势必会出现同一层面的信息泛滥，而更深层次的信息又没有捕捉到的尴尬局面。在教学时，可以尝试用分组的方法让学生分别搜集自己感兴趣或有能力、有条件搜集到的信息，以达到信息内容上有层次的区分。这样做既照顾了学生的个体差异性，又使课堂教学形成了一种合作取向的学习氛围，同时也有助于学生带着问题和目标意识选择和传播有价值的信息。

在道德与法治课堂教学中要注意培养学生对信息的分析判断能力，以及通过信息形成自己观点的能力。道德与法治课堂教学离不开信息，但又最忌讳只罗列信息。教师要通过多种信息的交流激发学生的思维，帮助学生形成自己的看法、观点。这就需要教师在信息上下功夫，引导学生对信息进行真正的思考，而不是如传统的教师一般替学生思考，剥夺学生思考的权利，把所谓的观点生吞活剥灌输给学生。教师更不能把自己的观点强加于学生，把道德与法治课程变成信息说教课。

五、开发联合家庭资源

家庭生活是走进学生生活的必然构成部分，也是学生生活的重要组成部分，在教材中所占比例比较大。而学校课堂上能够展示与呈现的家庭生活显然是有限的，因此要完成好相关单元与课题的教学目标，必须注重家校之间的沟通与合作，开发联合家庭文化资源，以丰富和补充课堂教学的不足。如搜集和加工来自学生家庭的典型案例，增强课程教学的真实性、亲和力、针对性和说服力。

科学的教学资源拓展是优化教学内容、实现教学目标的重要组成部分。加快优质课程资源的建设，一方面要求积极做好道德与法治课程优质资源的开发；另一方面也要聚集各方力量，打破教师个体教学的局限，充分利用信息技术革命成果，不断丰富课程教学资源，形成提高常规道德与法治课堂教学水平的多层级教学资源库。

第五章　核心素养视野下道德与法治课堂教学方法

第一节　道德与法治课程的探究式教学

道德与法治课是一门培养学生道德素质与法治意识的综合性的必修课程。随着我国基础教育阶段新课程改革的不断深入，创新道德与法治课教学方法势在必行。正是在此背景下，探究式教学打破传统的教学模式开始走进人们的视域。

一、探究式教学的概述

把探究式教学引入教学中，其目的是希望在探究过程中学生能够独立思考、自主探究，从而达到获取知识、提高思想品德的目的。探究式教学注重学生学习的主动性，这与新课改的要求是十分契合的。探究式教学只有运用到具体学科中才能彰显其价值。而要将探究式教学与具体学科相结合，还需要进一步掌握探究式教学的内涵及其特征。

（一）基本概念的界定

1.探究的含义

探究，即探索研究。《辞海》中将"探究"解释为"深入探讨，反复研究"。关于探究的定义，学者们众说纷纭。美国国家科学院于1996年发布的《美国国家科学教育标准》中提出探究是多层面的活动，包括"观察—提出问题—发现已知结论—制订调查研究计划—评价已有结论—收集、分析、解释数据—提出解答—交流结果"这八大步骤。加拿大著名学者马克·巴斯特比和莎伦·白琳在其著作《权衡——批判性思维之探究途径》一书中，从批判性思维的角度给探究下了定义，并诠释了探究的本质、价值及其精神。他们认为，探究指的是面对一个复杂的、实际的、有争议的问题，在澄清问题的前提下，能围绕这一问题的相关背景，综合考虑各方观点以及所持观点的理由和论证，审慎权衡，最终作出一个合理而开放的判断。

笔者认为，从形式上讲，探究可以是一个人的思考、两个人的辩论，也可以是集体的探讨。从内容上讲，并非任何问题都适用于探究，我们所探究的是具有争议的、能用理性思维作出判断的教材知识、社会问题或案例等，而如"今天中午吃米饭还是吃面条"这样的问题并不适合拿来探究。从过程上讲，探究是不同立场的人所持有的不同观点之间的碰撞，探究中我们应以开放包容的态度权衡不同的意见和观点。从目的上讲，探究的目的不是获得标准答案，而是通过论证得出有充分理由支持的判断，从而获得最佳的、最具说服力的方案。①

2.探究式教学的界定

关于探究式教学的定义，不同学者从不同的角度进行了阐述。美国芝加哥教授施瓦布站在科学的角度提出"科学即探究"。他认为探究式教学包括教和学两部分，教师通过探究的方式将科学教给学生，而学生直接运用探究来学习科学，并把科学作为一个探究过程。

许云凤教授在《探究式教学与传统式教学辨析》一文中，从学科和学术研究层面界定了探究式教学的定义，将探究式教学视为一种教学过程。他认为，探究式教学是指教师从某一学科或某一社会领域选择研究

---

①王亚楠. 探究式教学在七年级《道德与法治》课中的应用研究[D]. 武汉:华中师范大学,2021.

主题，创设与学术研究相类似的教学情境，引导学生独立自主地发现问题、主动搜集整理信息、积极展开交流合作，从而使其获得各方面发展的教学过程。

高校教师蔡旺庆总结其实践经验，在《探究式教学的理论、实践与案例》一书中从教学过程角度阐述了探究式教学的含义。他指出，探究式教学是在教师的启发下，学生通过个人、小组、集体等多种形式解难释疑，并将其所学知识应用于实践的一种教学形式。这一教学形式以学生独立自主学习和合作交流讨论为前提，以现行教材为基本探究内容，以学生的生活实际为参照对象，为学生提供了充分表达、质疑、探究、讨论的机会和可能。

笔者认为，道德与法治的探究式教学是指，以新课程标准为依据，以新教材为载体，教师根据学生身心发展特点和规律，围绕学生的学习、生活和社会活动为其提供或使其自主选择研究问题，并引导学生通过独立思考或小组合作的形式在自由的教学环境中进行观察、思考、论证、质疑、交流和反思的教学过程。这一过程不仅能引导学生主动参与、积极合作、勇于质疑，也促使学生在交流和反思中发现问题、解决问题、主动获取知识和应用知识。探究式教学的开展不仅强调教师在探究过程中的指导作用，更注重学生在学习科学知识过程中的自主性、独创性、批判性和反思性。它既是提高教师教学能力和教学实效的一个重要措施，也是促进学生创造性思维和批判性思维形成的重要途径。

（二）道德与法治课探究式教学的实践基础

任何教学模式的形成，都是以一定的教学理论和实践依据为依托。

1.道德与法治课的学科特点

道德与法治课的学科特点决定了探究式教学在课中的应用大有可为。道德与法治课与其他学科相比较，有其自身的鲜明特点。其一，思想性。道德与法治课以马克思列宁主义、毛泽东思想、邓小平理论、"三个代表"重要思想、科学发展观和习近平新时代中国特色社会主义思想为指导，同时对学生进行"五爱"教育，通过先进思想武装学生头脑，从而引导学生树立正确的世界观、人生观和价值观。道德与法治课的探究式教学可以促使学生在实际探究过程中自觉地以科学的方法论作为指导，并在实践运行中体悟先进思想的力量，在此过程中逐渐形成基本的价值判断和价值选择，最终实现思想品德的提高。其二，人文性。在教学过程中教师要充分关注学生的精神需求以及成长需要，充分尊重学生在成长过程中的身心发展规律，用核心价值观引领学生思想和行为，发挥中华优秀传统文化的深厚底蕴塑造学生精神世界，利用新媒体等学生乐于接受的方式开展教育教学活动，给予学生充分的人文关怀。在探究式教学中，教师与学生通过探究活动得以互动沟通、彼此交流。在此过程中，教师和学生处于平等地位，教师充分尊重学生的主体地位，学生的主动性、创造性得以充分显现。教师以平等的引导者的身份深入学生、了解学生、鼓励学生，促使学生积极参与探究学习，锻炼团队合作能力，提高道德修养，真正体现了道德与法治课人文性这一特点。其三，实践性，道德与法治课的实践性体现在密切联系学生的生活经验，以及关注学生参与社会实践活动中。道德与法治课的探究式教学规避了传统教学中只注重对学生知识灌输的局面，而是充分体现道德与法治课实践性这一特点，充分关注学生实际生活，课堂所探究的问题也尽量选取学生生活中的实际问题，选自生活，贴近实际。同时，探究式教学还十分注重对学生实践能力的培养，通过探索问题、合作交流、成果展示等活动充分锻炼学生独立思考和实践能力。此外，探究式教学还鼓励学生积极参加社会实践活动，鼓励学生在实践过程中形成良好的道德品质和行为规范，并在此过程中达到知行合一。其四，综合性。道德与法治课这门学科肩负着培养人的工作，必然会涉及诸多领域，如法律、心理学、社会学等，而人又是复杂的社会关系的产物，所以必然也会包含个人、社会、国家之间的关系。由此可以看出，道德与法治课的综合性有其必然的客观依据。而探究式教学就很好地契合了这一点，在探究式教学的过程中需要解决探究问题来达成教学目标。但探究问题的解决往往不能一蹴而就，也不能单一片面，所以学生在解决探究问题时就会调动已学知识来破解难题，也就不可避免地会用到历史、语文、地理等各个学科的知识。同时，在解决问题的过程中也必然会经历从自我到他人再到整个班级的过程，在此过程中学生也逐渐学会处理各种社会关系，并能够作出正确的价值判断。

综上，基于道德与法治课程思想性、人文性、实践性以及综合性的学科特点，是探究式教学得以顺利展开的前提条件。

2.学生的心理特点和学习特点

学生尚处于发育与成长的时期，其生理和心理都不够成熟与稳定，随着时间发生着显著的变化。他们正经历从童年向青少年过渡、从幼稚向成熟过渡、从不定型向定型过渡的阶段。如果教师一味运用传统知识灌输的教学方式，则势必会遭到学生的抵触，容易使学生产生厌学情绪，使教学效果大打折扣。因此，转变教学方法势在必行，探究式教学恰好可以满足学生追求独立自主和个性的需求。

同时，随着学生年龄的增长、认知水平的提高、知识建构的不断完善、行为能力水平的提高，活动范围逐渐扩大，交往对象逐渐增多，对于生活中和社会上存在的一些问题常常会产生困惑，而对于这些事情的思考能够促使他们探索问题、独立思考。可见，学生的心理特点和学习特点为探究式教学在道德与法治课的实施中提供了基础性条件。

3.道德与法治课教材的改变

人教版《道德与法治》新教材在内容和形式上都发生了很多改变，充分体现了"回归生活"的德育理念——淡化知识的讲授、关注学生的生活经验以及学生在课堂教学中的体验与参与。在道德知识的传授上，新教材通过"探究与分享"等活动设计让学生在体验和实践中获得和巩固知识。此外，教材还通过"相关链接""方法与技能"等栏目向学生传递良好的行为习惯、思想品德等内容。另外，在教材中的"运用你的经验""阅读感悟"等栏目中还穿插有心理学知识、法律常识等，能够帮助学生获得道德知识、提高道德修养、增强道德意志。由此可以看出，道德与法治课的新教材将道德知识与学生不断生成的道德生活经验相嵌套，并层层递进，向学生传递相关的道德与法律知识。

新教材的栏目设置更加丰富，活动形式更加多样。道德与法治课新教材增加了合作探究等环节，其目的就是借此来提升学生的自主探究能力和动手操作能力。这样做充分尊重了学生的个性发展，提高了学生的创新能力和创造性思维，同时还满足了新课改的要求以及新时代对人才的要求。同时，对所设置的活动的实际操作，还能够培养学生的合作精神以及协调能力。

二、探究式教学的策略

探究式教学作为一种新型的教学方法，对于提升学生自主学习能力、提高教学效果具有重要意义。掌握探究式教学的原则，准确把握探究式教学的实施步骤，并用其指导实践教学，才能达到提高教学质量和教学水平的目的。

（一）道德与法治课探究式教学的原则

原则是行动的指南，因此在实施探究过程之前，首先要明确探究式教学的原则。这样更有利于把握探究式教学的实质，提高探究式教学的针对性和实效性。

1.主体性原则

在道德与法治课探究式教学中，学生是课堂学习的主体，教师是引导者。因此，在探究的过程中学生应始终处于中心地位，探究的内容由学生主动实践来完成。学生以自己已有的经验为基础，通过独立思考、合作探究等过程，积极参与到实践中去，不断发现问题并且解决问题，在此过程中不断建构新的知识结构，不断体验和感悟，锻炼探究能力，提高自身素质。在探究过程中学生的主体地位得到充分尊重，个性得到充分发挥，学习兴趣得到极大提高，学生参与探究过程的主观愿望得到加强，学习的自主性也得到显著提升，实现了由"要我学"到"我要学"的转变。

2.问题性原则

对于学生问题意识的培养一直是探究式教学的重点，而对于学生发现问题、思考问题以及解决问题能力的提高始终是探究式教学所遵循的宗旨。探究式教学总是将问题作为中心环节来开展教学活动。首先，探究式教学通过创设相关情境提出问题，从而激发学生兴趣，引发学生思考。其次，鼓励学生积极思考，同时组织小组合作，整合资源，分析问题。最后，达到解决探究问题的目的。问题是探究的核心，在探究的过程中，教师和学生始终围绕问题来开展教学活动或是进行合作探究，所以在探究的过程中要把握好问题这一基本原则。

3.实践性原则

人的认识是一个从实践到认识，再由认识到实践的循环往复的过程，而实践则是认识的基础。探究式教学鼓励学生从实践中来再到实践中去，鼓励学生自己观察、自己思考、自己动手，在实践中学习，在探究中体验，在交流中升华。探究式教学真正打破了传统的学生被动听、教师一味讲的尴尬局面，让学生真正做到"亲验"，充分体现了"感中学、学中做、做中悟、悟中知、知中行"的现代教育理念，真正使学生成为学习的主人。通过探究式教学，能够激发学生学习的兴趣，提高学生学习的动力，培养学生动手实践的能力，提升课堂教学效率。

4.合作性原则

合作性原则就是指小组成员为达到某一共同目标而一起努力。人的思想品德总是在一定的实践活动和互动交往中形成、表现并受到检验的。思想品德的形成和发展是为了更好地适应和参与社会活动、交往以及创造新的生活环境和生活方式，所以小组之间、班级之间的合作是行之有效的教育形式。小组成员在合作过程中互帮互助，为取得良好成绩、完成任务不懈努力。小组合作增强了学生之间的互动交流，既锻炼了学生的交流能力，又培养了学生的合作能力。同时，合作的形式也可以是多种多样的，可以包括生生合作探究、小组合作探究、全班集体探究、网络协作探究等。

（二）道德与法治课探究式教学策略

探究式教学是符合时代发展与教育教学需求的一种新型教学方法，然而如何将该方法与道德与法治课完美结合，发挥其应有的价值，还需要一定的策略指导。

1.确定探究目标

不论我们开展什么探究活动，都必须有一个明确的目标。目标的确定直接影响着教学效果。探究式教学所追求的目标不仅仅是让学生掌握多少知识、识记多少内容，而是要更加注重学生探究意识的培育、创新能力的提高、团队意识的养成，并且在探究过程中不断积累解决问题的经验。所以，在确定探究目标时需考虑以下几个因素。

（1）明确三维目标

道德与法治课的总目标，以社会主义核心价值体系为导向，旨在促进学生正确的思想观念和良好道德品质的形成与发展，为使学生成为有理想、有道德、有文化、有纪律的社会主义合格公民奠定基础。设置了情感态度价值观目标、能力目标和知识目标。三维目标是教师课堂教学的航标，因此应着重把握课程的三维目标。道德与法治课的学科特点决定了本门课程需将情感态度与价值观目标放在突出位置。因此，教师在设置探究目标时要将知识目标作为基础，将能力目标作为重点，将情感态度与价值观目标置于首位。在教学目标的指引下，逐步达到对学生思想的引领、能力的培养和知识的传授。

（2）符合课程标准

课程标准是教师开展教学的"指挥棒"。教师在备课过程中通过对课程标准的仔细研读与深入分析，确定教学目标、教学方法等。因此，探究式教学的目标应以课程标准为起点，要与课程标准对学生的培养要求相适应。

教师在制定教学目标时要将课程标准中涉及的内容包含进去，以达到对学生的精神塑造和品德提高。有时一课教学内容会涉及多方面的课程标准中的内容，所以教师在确定探究目标时要全方位、多角度地考虑问题。这样有利于学生对知识的理解与掌握，有利于学生自主构建知识框架。

（3）分析学生学情

分析学情是确定探究目标的又一重要依据。分析学情要从学生的知识背景、学生的情感以及学习风格这三个方面着手。首先，在确定探究目标时，教师要充分考虑学生已经掌握的知识和技能，以及与新知相关的旧知，根据学生的实际需要，在探究过程中给予针对性的帮助和指导。其次，分析学生的情感状态。道德与法治课与其他学科最显著的不同之处在于，它旨在培养学生良好的思想品德素质、道德观念和行为习惯，更加注重学生的情感体验，所以教师在确定探究目标时要充分考虑到学生的情感态度。最后，分析学生的学习风格。教师在确定探究目标前要走近学生，了解每个班级以及不同学生之间的差异，了解不同学生的学习风格，尊重个性，挖掘潜能，因材施教，以充分调动每个学生学习的积极性。

综上所述，要将三维目标、课程标准以及学生学情作为确立探究目标的重要依据。在将三者融合的基础上，全面分析、综合考虑，最终制定出既符合课程要求又符合学生思想品德发展需要的教学目标。

2.选择探究任务

探究问题的选择是探究式教学的一个重要环节，问题的设置直接影响到课堂的探究目标能否实现，直接关系到整个探究过程能否顺利实施。因此，选择探究问题应注意如下问题。

（1）问题要具有启发性

探究问题的设置要具有启发性，即教师在提出问题之后，能够引发学生思考，激发学生探索的愿望。学生在解决问题的过程中，既能获得知识，又能锻炼学生的思维能力。

一个带有启发性的问题，在教材中并没有明确的答案，而是需要学生去探索、去思考。同时，通过这个问题，既可以引发学生对生活的思考，激发学生学习的动力，又能够让学生从时代的视角出发审视阶段的学习。

（2）问题要具有生活性

道德与法治课一个突出的特点就是"回归生活"。教材根据学生的生活领域从自我到他人、社会、国家、世界等逐步扩展，并且根据学生的身心发展特点，有机整合了道德、心理健康、法律和国情等方面的内容，同时还聚焦了学生在相关领域内所遭遇或将面临的成长困惑、道德难题等。这也要求教师在设置探究问题时要贴近学生的生活实际，以提高学生解决实际生活中所遇到的问题为出发点和落脚点。在设置探究问题时，教师必须充分考虑到生活实际，那些脱离生活实际的问题不能让学生产生共鸣，而且学生难以理解，不能起到较好的探究效果。

（3）问题要具有挑战性

教师提出的探究问题一定是具有挑战性的并能够让学生产生认知冲突的，这样才能引起他们的探究愿望，引发学生进行探究活动的兴趣并主动解决探究问题。探究问题还应该是学生通过探究活动之后能够解决的，这样他们才能在探究中产生成就感，激发他们探索世界的勇气和信心。过于复杂或是过于简单的问题都不适合作为探究问题让学生进行探究。探究的问题应符合最近发展区原则，让学生"跳一跳就能摘到桃子"。

3.创设探究情境

美国教学法专家萨奇曼教授认为，情境的创设是顺利开展探究式教学的必要前提。在提出探究问题之前，教师要创设一定的教学情境，从而创设生动、和谐的课堂氛围，以此来提高学生参与探究活动的积极性，激发学生主动学习的愿望。道德与法治课的教学内容多为抽象的理论，学生难以集中注意力，所以创设教学情境就需要像磁铁一样吸引学生的注意力，形成良好的探究切入口。同时，创设的情境要贴近教材、贴近学生的生活，并充分尊重学生的个性发展需要。在创设情境时可以采用多种方式，如创设故事情境、对话情境、歌曲情境等，总之，要能够充分激发学生探究积极性并且提高教学的效率。

（1）利用多媒体创设情境

教师可以利用多媒体播放图片、视频、动画、音乐等，激活学生思维。通过多彩的图片、动听的音乐、活泼的动画视频等，可以达到多种感官相结合的效果，能够最大限度地吸引学生的注意力。在进行课程讲授时，教师可以利用多媒体放视频，增强课程的吸引力。

例如，笔者在讲授"友谊与成长同行"第一框"和朋友在一起"时，通过播放周华健的《朋友》，并通过大屏幕播放朋友的图片，让学生在视觉和听觉的双重感官下，触动内心深层次的情感，从而引出这一课的主题，即和朋友在一起。

（2）利用故事创设情境

学生对于世界充满好奇，比较喜欢听新奇有趣的故事。因此，教师在课堂上可以向学生讲述一些与本节课有关的故事，营造一种生动活泼的氛围，让学生迅速进入课堂学习的状态。

例如，在讲到"青春的邀约"第二框"成长的不仅仅是身体"时，通过讲述鲁班从小跟随家人参加土木建筑工程劳动，在掌握了劳动技能和积累了丰富经验的基础上，发明创造出了许多工具的故事，引出在成长的过程中不仅要锻炼健康的体魄，还要发展独立的思维、开发创造潜力等。

（3）利用竞赛创设情境

学生很喜欢通过竞赛的方式进行比拼。因此，可以开展小组竞赛，激发学生的探究愿望。教师可以根据学生这一时期成长的特点，通过开展小组竞赛的形式创设情境，激发学生学习的兴趣。

例如，在讲解"发现自己"的第一框"认识自己"时，教师通过分组，让学生说出自己的优点和缺点，同时也让同伴说出这个学生的优点和缺点，重合多的组获胜。通过这个游戏，可以让学生加深对自己的认识，同时也可以了解别人眼中的自己，有利于更加全面和深刻地认识自己的优点和不足，对于优点继续发扬，对于缺点和不足要及时改正和弥补。

（4）表演体验法

表演体验法是让学生亲身体验、感悟，使其有身临其境之感的一种情境创设方法。学生根据教师所提供的材料并结合自身的生活经验进行表演。通过学生亲自表演，既可以锻炼表演者的表达与交流能力，又可使所创设的情境更具感染力，达到创设情境的目的。

例如，在讲到"法律在我们身边"第一框"生活需要法律"时，教师可以请学生进行角色扮演：一名学生扮演社会青年，另一名学生扮演初中生。放学时，这名社会青年威胁初中生交出身上的现金。教师请学生到讲台进行角色模拟。在表演结束后，教师提问："如果是你遇到类似的情况，你会怎么做？"这时，学生们畅所欲言。教师根据学生的回答总结："我们现在还处于未成年阶段，与歹徒体力相差悬殊，遇到这样的情况首先要保护好自己，可以先将身上的现金给他，并且记住他的体貌特征，然后寻求警察的帮助。"这时教师就可以自然而然地引出财产权的相关概念："财产权是法律赋予我们的权益，我们要运用法律手段来维护我们的财产权。"表演体验之后，学生会自主地进行思考"到底应该怎样做"。教师的总结有利于学生加深印象，初步了解一些法律常识。遇到类似的事情，学生就会知道要用法律的武器保护自己。

由此可见，创设情境是有效开展探究式教学的关键一步。所以，教师要善于利用各种资源以及各种形式创设情境，以吸引学生的注意力，提高他们探究的积极性。教师要通过创设情境达到将知识生活化、将课堂民主化、将教学内容生动化的效果。同时，教师还要鼓励学生发挥想象力和创造力，充分发挥自己的主体地位。

4.解决探究问题

解决问题正是探究式教学的核心所在。问题的解决直接关系到探究式教学能否取得成功。因此，问题的解决要采取有效的方法，即自主探究与交流合作。通过采取行之有效的方法确保探究问题顺利解决，最终保证探究式教学取得成功。

（1）独立思考，探寻方法

教师应让学生独立思考问题，探索解决问题的方法，最大限度地让学生进行自主探究，从而发展学生独立解决问题的能力。建构主义理论将知识的自我建构作为重点。因此，为了达到学生自我教育这一最终目标，就必须要求在探究过程中充分发挥学生的主体地位。首先，教师要留给学生充足的思考时间，即教师在提出问题之后，要给学生留下足够的"空白时间"，让学生能够调动以往的学习经验，捋顺解决问题的思路和方向。其次，教师也要发挥自己的主体地位，即扮演好引导者、组织者的角色。一方面教师要把学习的主动权交给学生，充分发扬教学民主，鼓励学生大胆思考；另一方面，教师要给予学生必要的帮助和提示，给学生提供充足的材料，为学生的思考提供必要的支撑，扮演好"脚手架"的角色。在解决探究问题时，既需要学生的独立思考，也需要教师的必要指导，从而增强探究式教学的实效性。

（2）分组讨论，合作交流

在学生充分思考之后，教师应组织学生分组讨论、交流合作。在合作解决问题的时候，小组的每一个成员都要围绕探究问题积极思考并且充分发表自己的见解，并在此基础上达成小组对问题及其解决策略的共识。对于存在的困惑，学生先开展组内讨论。对于那些在讨论过程中未能达成一致意见的问题，可以由班级学生共同合作完成，也可以向教师反馈，寻求教师的帮助。在寻求问题解决的过程中，将这两种方式动态结合，才能有效地帮助学生正确地解决问题，锻炼学生合作解题的能力。学生在合作解决问题的过程中可以锻炼自己的思考能力，对自己得出结论的高度凝练还可以锻炼自己的表达能力。同时，在与同伴的交流中还可以进一步完善自己的结论，使探究的问题得以升华。因此，在这一环节中，学生不仅对探究问题有了深刻的理解，也在交流合作中体验到成功的喜悦。

此外，在进行探究活动的过程中，教室就是一个"探究共同体"，不仅学生是"探究共同体"的成员，教师也是其中的一员。因此，交流不应该局限于学生与学生之间，还应该包括教师与学生的交流。而教师的这种交流往往是预设好的，其目的是要把握探究的方向，拓展探究的深度和广度。交流分享的形式可以是多种多样的，可以是小组间的交流分享，也可以扩展为整个班级的交流。全班学生在一起交流可以使思维的扩散成倍增加，这样的交流极易碰撞出思维的火花。在交流与分享的过程中，学生将所感所想表达出来，这时知识不再属于学生个人，而成为班级里每个学生的知识，呈现在大家面前。然而这个知识有可能会被大家接受，经过同化变为自己的知识，有时也会不被大家所接受，从而在与同伴的争论和说明之中，锻炼自己的反思和思辨的能力。

教师还要考虑学生现有的认知水平，及时启发学生的思路和方法，鼓励他们积极探究问题，促使他们养成良好的探究习惯，培养他们敢于挑战、勇于攀登的探究精神。

5.调控探究过程

（1）灵活运用探究方法

运用探究式学习时，很多教师会认为小组讨论或自主思考就是探究式学习，但其实探究式学习的形式多种多样，并不局限于此。学生的探究式学习，可以是搜集、展示、调查类型的自主探究，也可以是讨论或辨析式的合作探究，应做到具体问题具体分析，因材施教。在学生的探究式学习中，应该将探究过程渗透到教材和教学活动的不同部分。

例如，根据道德与法治课的特点，可以进行"课前三分钟"活动，让学生通过网上搜索等方式在上课前三分钟将近期发生的新闻以演讲的方式进行介绍；或者让学生在图书馆收集与所讲课程相关的课外资料，在课上运用所学知识进行分析探究。在课堂上，可以组织"模拟法庭"、辩论赛、市场调查等活动，培养学生发现问题、调查与分析问题的能力，提高学生的创新能力和实践能力。

探究式学习方式的多样性不仅仅体现在新课讲授中，复习课、习题课也可实施探究式学习。例如，在上习题课时，教师应鼓励学生多思多想，从不同角度来回答问题，尽量做到一题多解，也可鼓励学生自编问题或者尝试一题多问，这有利于学生发散思维和批判思维的培养。在复习课上，教师可以以专题的形式将教学内容进行整合，向学生抛出高度概括教材内容的议题，引导学生综合运用所学知识解决实际问题，培养学生的综合分析概括能力、理论联系实际能力。

（2）过程指导具体到位

探究式学习强调学生的主体地位，但这并不意味着要完全放任学生自学。教学的过程是师生交往的过程，教师的主导作用同样非常重要。这就要求教师必须关注学生、关注课堂，对课堂进行整体把握，调控教学进程。在探究活动中，学生通过自主探究而产生的见解和思考需要在班级内分享交流。在学生观点产生分歧、思维发生碰撞时，教师应该适时地介入进行引导，帮助学生揭示规律、解决问题，使学生在互助的探究过程中达成思想上的共识。在探究过程中，当学生的探究处于"停滞期"，也就是学生有一定的思考，但是缺乏一定的深度和广度，遇到瓶颈时，教师应该适时地介入探究过程进行引导，给学生以一定的提示，让学生思维"畅通无阻"。当然，教师参与互助的时机或者说是教师介入学生探究的时机一定要适当。若教师介入过早，学生没有进行充分的思考，没有充分地开展探究，会使学生失去主动思考的积极性，习惯于依赖教师，造成包办代替的后果。若教师介入时机过晚，会使学生迷失探究方向、不知所措，处于盲目探究状态，造成探究效率低下。因此，教师必须实时关注学生的探究情况，适时走入学生的探究，及时有效地指导学生进行探究。

（3）适度加强课堂管理

由于探究式学习具有自主性、开放性、实践性、综合性等特点，因此在探究过程中存在较多的不可控因素，需要教师增强课堂控制能力和随机应变能力。具体表现在：当学生在探究过程中纪律性较差、注意力不集中时，教师需要及时采取措施吸引学生注意力，回归探究活动本身；当部分学生的探究积极性不强，较少参与探究活动时，教师要及时察觉并给予鼓励，引导学生体会探究乐趣；当学生在探究交流中产生分歧，僵持不下而影响教学进度时，教师应及时协调，根据学生的不同观点进行不同评价，引导学生形成正确价值观，或者根据教学内容在适当的时机组织辩论等活动。只有具备较高的灵活性，教师在面对突发情况时才能够随机应变、坦然面对。此外，教师还需要在平时的课堂教学中注意树立自己的威信，以人格魅力打动学生。增强课堂调控，维持探究学习的良好秩序，处理好教师主导与学生主体的关系，使得探究课堂"闹而不乱"，既有形式又有内容。

6.完善评价方式

探究式教学的另一重要阶段就是评价。在这个阶段，学生会把在探究过程中得到的结论及遇到的问题反馈给教师，教师要对学生的反馈作出相应的评价与指导。对于学生得出的结论，教师要进行适当的评价。在进行反馈评价时，教师可以从以下几个方面着手。

（1）评价方式灵活化

参照现行课程标准，道德与法治课倡导的评价方式主要有观察、描述性评语、项目评价、谈话、成长记录、考试等。在小组评价中可以创造性地运用这几种评价方式，并结合各自的具体实际，积极探索独具特色和促进发展的有效评价方式。

第一，量化评价要明确具体。对于探究过程的各个方面都应进行评价，采用积分制度。为使教师和小组代表公正计分，要明确并细化分数的奖惩。例如，根据小组是否全体成员参与讨论来评分，每一人未参与则扣1分；合作探究时纪律情况如何，声音太大影响他人学习，或者有谈论与学习无关的情况等每次扣1分；是否能够认真倾听其他小组的汇报展示和教师点评，不认真倾听或不尊重他人者每次扣1分。另外，对于最后进行展示的学生加1分，提出有效问题的学生加1分，讨论中提出创新点的学生加1分……可以将评价机制划分为组内个人得分和小组总体得分，由小组内成员协商组内成员分数奖惩的细则及办法，对于组内得分最高和得分最低的成员分别进行奖励和惩罚。对于小组总体得分，则由全班学生集体协商制定。在规则制定过程中，教师应注意引导学生将否定的规则转述为肯定的规则。例如，"小组讨论时不应破坏课堂纪律"变为"小组讨论时应遵守课堂纪律"。之后要求学生对规则进行试用、筛选、分类，帮助学生根据这些范畴提出一些基本的指导性原则。由于班级考核制度、组内考核标准都是由学生自己制定的，所以学生会主动用心地经营自己的小组。而且，将评分标准细化到具体行为、个人，在进行量化评价时就不会出现评判不公正的现象，使得学生乐于去遵守规则，根据规则行事。

第二，质性评价要全面客观。道德与法治课的课程性质决定了不能仅凭量化评价来最终确定对学生的评价，尤其是思想品质、学习态度、道德素养和行为习惯等，必须结合质性评价进行。道德与法治课中探究活动多为开放性较强的活动，难以通过量化评价来进行，只能采取质性评价的方式。质性评价的一个最大缺点就是评价结果会带着教师个人喜好的主观色彩。这就要求教师必须抛弃个人喜好、偏见，以客观公正的心态进行评价。教师可以从教学目标的达成度、讨论交流中存在的共性问题、创新点、注意事项、展示结果等各个方面进行评价。此外，还要特别注重学生反映法治思维、法治观念的行为、态度和实践，在具体的评价过程中探索建立综合性的青少年法治素养评价机制。

第三，落实多元评价机制。建立完善的教学评价机制，应该包括对教师的评价和对学生的评价两个方面，且评价应以促进学生发展、教师提高为目的。这里主要对学生在探究学习中的表现进行评价。由于探究活动的灵活性，仅凭教师难以对学生作出客观全面的评价，因此需要调动多方主体切实参与评价。为保证评价及时有效，可以在展示交流环节结束之后，根据活动内容，请各小组代表对本组在交流过程中的表现进行评价或者通过小组互评进行，最后由教师进行总评。

（2）评价内容开放化

传统的"唯分论"的评价方式极大地禁锢了学生的思维，抑制了学生的想象力与创造力。而探究式教学不仅仅把掌握知识的多少作为评价的标准，学生学习的态度、参与的程度、能力的展现、过程的生成、同伴的交流等都是评价的重要方面。例如，教师可以让学生对本节课的探究活动作一份书面报告。让学生作书面报告的真正目的也不是让学生上交材料，而是达到让学生思考、沉淀的目的。这样以书写的方式让学生进行思考，既可以提高学生的探究能力，也可以将其作为学生学习结果评价的一部分。教师也可以让学生以某一课探究内容为中心写一篇小的论文。论文以整个探究路径为基础，让学生自己搜集、整理，对其进行分析和加工，用科学的精神进行论证。这个论文可以由学生独自完成，也可以由小组合作完成。此外，教师可以把这些探究成果放在教室的学习角展示，也可以装订成班级的探究活动手册，作为学生活动的成果向家长展示。通过这样的形式，学生的成就感大大加强，学习的愿望也被激发出来。同时，这些探究资料也可以作为学生的学习成果装在学生的成长记录袋中。这既可以作为学生学习的记录，也可以视作学生成长的印记。另外，教师也可以将学生每一阶段的探究成果分别收集起来，作为教师自己对探究式教学的反思素材或是研究素材。这种开放的评价方式在充分尊重学生个性和主体性的基础上促进了学生的全面发展。

（3）评价主体多维化

传统教学中的评价主体只有教师这一个维度，这就不可避免地造成"教师权威论"，其评价结果存在很大的片面性。而探究式教学将教师、学生、家长等都纳入评价主体中来，包括学生的自我评价、同伴之间的评价、家长的评价以及教师的评价。多维化的评价主体使评价的公正性、客观性和全面性成为可能。这样的评价方式有利于学生对自己全面的认知，从而促进其全面的发展。

探究式教学评价环节改变了传统教学中只注重成绩的弊病，打破了传统单一的量化评价方式。探究式教学更加注重评价方式的灵活性、评价内容的开放性、评价主体的多维性，将学生在课堂中的参与度及积极性和日常的行为表现作为评价的重要依据。同时，还要求教师在课堂教学中做到即时评价，在学生回答完问题之后，教师都要给予相应的评价。

总之，探究式学习是一种行之有效的学习方式，是培养学生良好学习品质，落实学科核心素养要求，完成立德树人根本任务的有效途径。我们要积极引导学生适应探究式学习，指导学生进行探究学习的技巧方法。教师之间也要经常开展学术探讨、教育行动研究，不断改进，发展教师专业素养，提高自身业务水平，适应新课改、新教材、新形式。

第二节　道德与法治课程的生活化教学

道德与法治有很强的实践性。道德与法治是社会生活的规范和基础，其原本就蕴含于生活中。道德与法治教育与社会生活的脱离阻断了学生品德发展的源泉和途径，意味着道德与法治教育的内容将成为真空。应当力求把理论知识的灌输与具体的社会实际有机地、自然地结合起来，把观念的形成过程寓于生活的观察、感受和体会过程中。只有在学生的生活世界里，在学生的现实经验和体验中，在学生内心世界的价值冲突中，才真正蕴藏着宝贵的教育时机，才能培养学生多角度、多层次思考问题的能力，培养学生根据具体情况，理论联系实际，探索解决问题的能力。

一、生活化教学的概述

传统的教学是一个脱离学生生活土壤的权威存在，是一种以知识为中心的知性教育，学生能力的培养、情感的培育始终处于课堂教学的边缘，道德教育的实效性难以发挥。由此，我们认识到构建生活化的道德与法治课堂已迫在眉睫，只有让课堂教学回归生活，才能更好地促进学生良好品德的形成和全面发展。

（一）基本概念的界定

1.生活与生活化

"生活"一词的内涵非常丰富，其外延也十分宽泛。《现代汉语词典》所给的释义是"人和动物为了生存和发展而进行各种活动"。本书探讨的"生活"主要是指学生的生活世界，包括学生在学校、家庭、社会中的一切活动。"化"是指"转变成某种状态或性质"。本书认为，"生活化"是一个过程，是指转变为人的生命或生存活动状态，让学生走出抽象的说教王国，向自然回归、向生活回归的一种活动倾向，让学生在生活世界里自我感悟、自我体验，在探究合作中主动地去汲取知识，完成学习的任务和目标。

2.生活化教学

《礼记·学记》中就有记载，教与学是一个事情的两个方面。有效的教学除了教师的因素以外，学生自身的心理发展和理解能力也是至关重要的。道德与法治课教学的特殊性体现在是要靠共同的生活基础为载体对学生进行价值观渗透。生活化教学即指依据新的课程理念，以"生"为本建立起来的一种新的教学方法；该教学方式的理论主要根据马克思关于人的自由发展理念，同时依据课程标准"学生逐步扩展的生活是课程构建的基础、引导学生过有意义的生活、做负责任的公民"等基本理念。生活化教学渗透于课程教学各个环节之中。首先是教学设计生活化，教学设计是现实生活化教学最重要的一个环节，是实现生活化教学的保障，同时也体现了学生在生活中的主体性。

3.课堂教学生活化

课堂教学生活化源于美国教育家杜威提出的"教育即生活"这一著名论断，学术界关于课堂教学生活化的概念表述各有不同。本书综合分析不同学者关于课堂教学生活化的概念界定，提出所谓课堂教学生活化，就是教学不再游离于学生生活世界之外，而是扎根于生活世界的沃土。教师要充分尊重每一个学生的独特性和差异性，树立生本教育的价值理念，把学生的生活世界作为教学的本源，利用自身精深的教学经验和理论修养，用心感受学生生活世界的脉搏，巧妙撷取学生生活世界的素材，把抽象的学科知识理论与学生的生活实际有机结合起来，营造一个焕发生命活力、促进学生生命解放的生活化课堂。

课堂教学生活化的价值取向主要有以下三点：第一，让教材呈现出鲜活的生命状态。在实际教学活动中，教师立足于错综复杂的现实生活世界特别是学生已有的生活经验，挖掘和开发生活化的教学资源，创设有趣、易激发思维碰撞的生活情境，让学生在体验生活的过程中夯实学科知识体系，发展问题智慧和学科素养，学以致用地解决生活中的实际问题。第二，让过程体现出鲜活的生命意义。在生活化的课堂教学中，师生双方作为独立完整的个体以强烈的生活意识和积极的生活态度平等交往，课堂中充斥着师生心灵的交流、思想的碰撞、灵感的迸发，整个教学过程不是静态封闭的，而是动态开放的，是师生获得协同发展、实现各自价值的过程。第三，让学生主动健康地发展。在生活化的课堂教学中，学生不再被动地沦为"装知识的容器"，而是主动张开翅膀，自由翱翔于知识的天空。课堂教学生活体现了以生为本的价值取向，以培养热爱生活、乐于探究、健康发展的学生为目的，注重学生知识的学习、能力的提高与情感的升华融为一体。

（二）道德与法治课生活化的现实依据

培育学生科学的价值观是道德与法治这门课程所承载的重要任务，价值观体系的形成不是在理论中建立的，只有在学生的实际生活中才能完成价值观体系的构建。对生活化教学问题进行研究能更有利于丰富课堂的教学方法，有利于提高课堂教学的有效性，从而高效地将科学价值观内化到学生的认知体系中。因为生活化教学不是简单地再现学生的生活场景，而应该在引导学生面对现实生活中的问题和冲突的基础上启迪学生思维，开阔学生的知识视域，提高他们明辨是非和慎重选择的能力，在不断拓展的生活世界中激发他们对自我、他人与社会的责任意识。

1.纷繁复杂的社会环境对学生实行正确价值观引导提出了新的挑战

学生还没有形成正确的是非善恶观，缺乏自我保护能力，同时他们的好奇心强，很容易被网站上的一些不良信息所诱惑，很多学生迷失了方向，有的甚至走上了违法犯罪的道路。为了让学生清楚必要的社会规范和秩序，培养他们正确的是非善恶观、批判精神和健全的人格，教师要善用生活化教学方式结合学生所处的社会生活实际，有效完成道德与法治课程目标，以便他们更好地适应知识经济社会的生活。

2.常态化的课堂上学生主体性得不到真正的发挥

在平时的课堂教学过程中，除了评比课、观摩课、公开课、研讨课、视导调研课等，教师在课堂教学中较注重利用多种教学方法提高学生的主体性作用。但在平时的常规教学或常态课中，课堂教学仍然是"教师中心""教材中心"，视学生为教学对象。要想从"我教你学"的传统师生关系中解放出来，变权威式、压抑式教学为民主式、合作式的教学，由一切教师说了算变为鼓励学生大胆地探索和研究，充分发挥学生的主体作用，使教育过程真正成为一个师生密切配合、积极探索的双向认知过程，教师就可以利用生活化的教学方式来拉近与学生之间的距离，营造生活化的民主课堂氛围，让学生敢于表达自己，勇于表现自己的优点，敢于表达自己的观点，促进学生真正的精神成长与发展。

3.教师只注重知识的传授而忽略了情感态度价值观的培养

目前的课堂实际教学过程中，部分教师在授课的过程中很大程度上仍重视知识的传授。要让学生考出理想的高分，课堂上教师对文本的解读、对概念和观点的理解较为充分，但是淡化了对学生能力的培养和情感态度价值观的引导。

随着"教育回归生活"的教育理念慢慢被教师接受，从应试教育的以选拔人为主也开始慢慢过渡到现在的素质教育以培养人为主，关注学生的实际生活经验以及是否在课堂上获得体验感悟和成长为道德与法治课生活化教学的探究方向，生活化教学更有利于实现本课程的教学目标。

二、生活化教学的策略

道德与法治课的教学目的，不仅是满足于成绩的达标，更应是促进学生道德、情感的升华，在于让学生运用所学的知识指导实践，达到知行统一。这一目的也符合新课程标准的要求。当前，我国道德与法治课的教学目标设计仍存在一些不合理的地方，如忽略学生生活、教学目标单一等。道德与法治课的生活教学法依据课本内容，联系社会热点和学生实际，实现理论和实际结合、理论和时事结合、理论和青少年自身结合。

（一）设计生活化的教学目标

教学目标的设计是教师进行教学活动首先要考虑的问题。美国教育家布鲁姆将教学目标分为认知领域目标、情感领域目标、动作技能领域目标三个部分，这是迄今为止较为系统的教学目标分类，对我们研究教学目标分类有着深远影响和现实价值。具体到道德与法治学科来说，《义务教育思想品德课程标准（2022年版）》将课程目标分为知识与技能、过程与方法、情感态度与价值观三个维度，把情感态度价值观目标摆在了重要位置，这反映了我们由过去过于注重学科知识本位到更为注重学生能力和情感态度价值观培养的转变。在生活化教学中，教学目标应根据学生的实际，紧密联系学生的生活世界，找到教学内容与学生生活世界的结合点。教师应以学生为中心，从单一的认知目标向综合目标转变，让学生在提高认知能力的同时，促进学生的创新思维能力、人际交往能力、实践能力等全面发展，发挥课堂教学的立体效应。

1.教学目标与生活目标相结合

教学目标指的教师希望学生在课堂学习后能够在知识、能力、情感等方面达到的要求。教学是来源于生活实践，是抽象了的生活，因此教学目标应该与生活目标相结合，反映学生的生活和社会现实。首先，知识目标生活化。学生所学知识来源于现实社会生活，并建立在学生自己的生活经验之上。学生知识的学习也必须服务于他们未来的个人生活，并为他们今后更加精彩、更加幸福的人生发展打下坚实的基础。其次，能力目标生活化。学生分析解决问题能力、社会实践能力的培养应建立在生活基础上，而且应以服务学生未来生活为目标，培养学生未来辩证分析解决实际问题的能力，并以现有能力为依托，自主学习新知识的能力。最后，情感态度与价值观目标生活化。基于学生实际生活经验，引导树立正确情感价值观，积极促进个人成长及未来发展。总之，教学目标生活化，要求贴近学生的生活实际，使学生在理解和掌握知识的过程中学会办事、学会做人，形成正确的价值观。

2.教学目标与学生的实际相结合

每个学生的具体生活环境、社会阅历和人生感悟是不尽相同的，教学目标只有紧密联系学生具体的生活实际，才具有现实性和针对性。生活化教学内容应与学生的生理和心理特点相适应，从学生的思想特点、知识基础、年龄特征、认识规律出发，切入重点和难点。

首先，教学目标与城乡差异相结合。城市学生和乡村学生由于成长环境的不同，具有较为明显的差距。例如，在道德与法治教学中，教师提出关于时政和现代技术方面的问题，城市的学生能够和教师进行深入互动，而乡村的学生由于信息封闭、交通不便，导致视域的广度和思维的深度必然逊色于城市学生。因此，对于处于城乡的学校，相同的教学目标的应用策略应该体现区域性，根据城乡学生之间具体生活实际的差别设置侧重点不同的实际教学目标。

其次，教学目标应与学生身心发展特点相结合。每一个年级的学生都是不同的，有各自不同的特点。因此，教学目标也应有所区别。

能力目标是让学生培养合作精神和分析问题的能力。知识目标是让学生知道学习的含义，正确认识学习。初中课程与小学课程有很大的不同，课程科目增加，课程内容难度增加，好多学生面对初中的课程感觉很难适应，出现的学习心理问题也比较多。因此，应该让学生认识到学习是有苦有甜的，遇到困难要学会克服困难，从而培养学生正确的学习观。

初二的学生较之初一的学生心理素质有了较大的提高，自我意识不断增强，渴望得到别人的认可，但逆反心理突出，容易走极端。因此，对于初二的学生，教学目标的设计应该注重培养学生的法制观念，重在让学生规范自己的行为，履行自己的权利与义务。

能力目标是增强权利和义务关系的理解能力，提高践行法定义务和道德义务的能力。知识目标是让学生知道权利与义务是统一的，了解公民的基本义务。

初三学生的抽象概括能力和理性思辨能力得到较大程度的提高。教学目标的重点应该是让学生坚决拥护和自觉贯彻落实党的方针政策等，培养学生创新意识，培养学生的社会使命意识和责任感。

能力目标方面是培养学生具有关爱社会的实践能力。知识目标是让学生知道维护国家尊严、为国分忧、关爱社会。初三的学生抽象思维能力得到发展，学生迫切想要了解国情、路线、方针、政策，有能力承担社会责任。该教学目标的设计符合初三学生的特点，让学生懂得爱国、关爱社会的同时，让学生明白，社会是需要互相帮助的，在互相帮助中提升了学生的责任感。

（二）选择生活化的教学内容

英国教育家怀特海曾说过："教育的成效就在于让学生借助树木来认识森林。"换言之，教育的成效就在于让学生借助"教材"这本有字之书来认识"生活"这本无字之书，这两本"教科书"对学生形成良好的道德品质起着至关重要的作用。令人担忧的是，"第一本教科书"显然已经跟不上"第二本教科书"的急剧变化，可仍有不少教师是"第一本教科书"的坚定捍卫者并用它对学生进行说教，没有认识到道德与法治课堂教学更广阔的舞台是在"第二本教科书"之中，那里才是学生道德情感尽情抒发的天空，是学生自觉践履道德规范的深厚沃土。学生道德生命自由生长最肥沃、最鲜活的土壤永远是生活，教师要依托于教材又不拘泥于教材，着眼于学生日益增长的需求和实际生活对教材进行二次开发，挖掘出教材知识背后的深层价值和真正意蕴，帮助学生运用所学知识解决生活中的实际问题。

1.汲取鲜活的生活资源

教材是重要的教学资源，但不是唯一的资源，课程内容不应该是单一的、体系化的课本知识，而要来源于学生的生活世界。教师要成为课程资源的开发者和利用者，要尽量选取最鲜活、最真实的第一手珍贵资源，要充分挖掘以往隐而不彰的教学资源，赋予教学内容以生活意义。最好的教学资源来源于学生，教师要善于发现学生自身的资源并不失时机地加以利用，或者尽量选用当下的时代感较强的热点事件或人物补充教学内容，避免使用滞后的道德事件或榜样人物来进行教学，也要避免迎合学生兴趣过度滥用教学资源，忽视了资源服务于教学的初衷。

例如，在讲授友谊相关的内容时，笔者精选了学生喜爱的《疯狂动物城》中尼克在氢气球上向朱迪敞开心扉，倾诉自己内心深处的秘密的温情片段，激发学生的兴趣，引起学生的共鸣。在此基础上以小组为单位让学生分享记忆中最深刻的一段友谊，然后选代表发言，与全班学生分享。在这一环节，学生积极展示与分享，通过小组交流讨论，学生认识到友谊是一种双向的亲密的情感，这种亲密性体现在彼此之间的理解与支持、忠诚与信任、肯定与关心等方面。

2.融合其他学科相关内容

课程标准指出，加强与其他课程的有机联系，积极开发各学科的相关资源。道德教育仅靠道德与法治课程是不够的，应该统一多方面的教育力量，对学生的道德品质教育形成合力。因此，各门学科都承担着德育任务，有着各自独特的学科功能，但相互之间也有交叉，其他学科可以结合各自的学科特点对学生进行道德教育。道德与法治教师要积极寻求与并行的学科，诸如语文、历史等学科间的融合，努力消除学科之间彼此孤立、壁垒森严的对立局面，按照学生认知规律、需要和兴趣设计出综合性的内容体系，实现综合效益。

例如，在设计"拥护党的领导"这一教学内容时，考虑到有很多内容和历史学科有交叉，于是笔者课前让学生上网、翻阅历史课本或去图书馆借阅相关书籍，课上让学生结合所学的历史知识回顾党的奋斗历程，同时笔者也准备了相关历史背景的图片、文字和影像资料进一步扩充学生的感性认识。最后引领学生通过观察现实生活，感悟改革开放以来我国发生的翻天覆地的变化，得出"没有共产党就没有新中国"这一历史结论，使学生更加坚定地拥护中国共产党的领导。

（三）实施生活化的教学过程

道德与法治课堂教学过程是在教师引导下，学生主动建构生成新知识体系的过程，具有互动性和生成性，教师要善于引导学生从原有的知识经验中"生长"出新的知识经验。生活化的教学过程能更好地激发学生积极建构属于自己的道德知识，脱离生活世界的道德知识，好比干瘪又抽象的条文，不可能在学生的心灵中生根。课堂教学过程是教师对教学具体步骤和程序的展开，涉及一系列杂多且细的微观教学内容，具有无限可分性。在这里，笔者不可能深入教学过程中过于微观的领域中，只能提出道德与法治课生活化教学过程中的几个比较重要的问题。

1.新课导入生活化

良好的开端是成功的一半，新课导入作为教学过程的首要环节，对教学的后续环节产生重要影响，因此教师必须予以高度重视。精彩的导入就像古人讲究的文章开头要示人以精美俊秀之"凤头"，教师导入新课时一定要结合学生生活实际，从学生的生活、需要、经验入手，引入最鲜活、最富有时代性的生活素材，运用多样的方式，激发学生浓厚的学习兴趣和强烈的学习动机，为教学活动的顺利开展奠定良好的基础。

2.教学语言生活化

苏联教育家苏霍姆林斯基说过："教师的语言修养，很大程度决定着学生在课堂上的脑力劳动的效率。"教学过程是师生之间信息传递的过程，这一过程不是简单的理性知识的传递，更多的是师生之间的情感交流的过程，而师生之间的情感互动则要依托于教师良好的语言表达能力。在教学语言上，也需要生活化，教师风趣幽默、声情并茂、发自内心的语言能够流淌进学生的心田，化作不竭源泉熏陶和感染学生，丰富学生的感性认识和情感体验。因此，教师要有较高的文化底蕴和生活品位，不以权威者自居，建立和学生平等对话的语境，将深奥的哲理形象化，使枯燥的知识趣味化，深入浅出，通俗易懂，让学生在轻松的氛围中掌握知识、发展能力。

3.情境创设生活化

利用多种手段创设情境，包括语言描述、实物演示、音乐渲染、活动感悟、角色体验等手段，创设生动形象的情境。设置各种相关活动，让学生在参与各种活动的过程中，以情启思、以思促情，达到情思共进的目的，以激发学生的激情和想象力。建构主义十分注重在真实而富有内涵的生活情境中普及教育，每个学生都应该积极主动地学习知识，根据自己的经验去构建有自己特色的知识体系。"情"即教学中情感的交流，"境"指教学环境。情境创设生活化就是说从学生的实际生活中选取生活事例，模拟学生生活创设社会生活情境，以求引起学生共鸣，让学生在生动具体、形象多样的情境中去学习、去体会，将教材内容内化，并落实到自己的行动中，以达到启迪、帮助学生熟谙知识，提高分析解决问题的能力。情境的设置可以用图片、文字、小品、视频、辩论等多样方法，具体如何取舍就取决于本节课所学内容，以及教师对课堂设计的需求。

首先，情境创设要与教学内容相契合，才能使教学内容更生动、更有针对性，更能调动学生学习的积极性。教师要合理恰当地使用情境创设，这样才能达到应有之效。

其次，情境创设应符合课堂教学呈现条件。视频资料实现了声画同步、视听结合，在课堂上创设生活化的教学情境，合理利用多媒体、网络等现代化信息技术，将有助于教师创设生活场景，能够有效地表现事务的动态变化和运动过程。

再次，创设生活化的教学情境，所选用的材料必须是真实、典型、有代表性。

最后，情境创设要以学生为主体。教学情境的设置必须符合学生身心发展的特点，学生才会有所感、有所发，才会有良好的教育教学效果。角色体验是对未来所承担的社会角色的提前预演和尝试。教师要利用多媒体技术，对一些有着丰富内涵的难以理解的概念原理，采用视频创设一种虚拟情境下的体验教育。

4.问题设计生活化

在道德与法治课的教学中，问题切入的角度、问题设计的相关性、问题提出的时机、问题呈现的渐进性至关重要，决定着问题的质量高低和效用的大小程度。

首先，问题设计必须服务于教学内容。问题的提问必须与教学内容紧密相连，细化教材内容和生活化教学内容让学生更能感同身受，课堂教学的思想教育目标也顺理成章地得以实现。

其次，问题设计必须针对学生生活实际，问题设计要紧密联系、贴近生活，缩短学生与问题之间的心理距离，找到学生生活中的共鸣，减轻学生对问题的心理排斥。

再次，问题提出要把握时机。只有当学生处于积极思维状态时，提问才具有促进思考、解决问题的作用。教师要准确把握时机，创设能够激发学生的问题情境。提问过早，学生会感到疑惑；提问过晚，已经错失教育良机。因此，教师在备课时，提前预设课上要提问的问题；在教学过程中，教师应该察言观色，善于观察学生表情，适时提出问题；当课堂气氛沉闷的时候，结合教学内容和根据学生的年龄特点和能力倾向，合理设计并提出基于生活与教材高度关联的问题，激发学生探究的兴趣。同时，学生认知和所讲内容有分歧时，教师的提问更具有实效性。

例如，在讲述关于"法制与法治""人民和公民"这些概念时，学生关于这些概念的理解有偏差，教师在讲述含义的基础上提出问题，有利于加深学生对概念的理解。讲述关于"继承权"知识时，教师以发生在本地的一起财产继承纠纷典型案例为例导入新课，启发学生思考遗产继承权中矛盾的核心问题。学生跃跃欲试，提出各种各样的问题和答案，课堂气氛活跃，拓展了解答所讲问题的思路。

最后，问题呈现应由浅及深。在教学过程中，教师应从基础的问题开始提问，激发学生学习的内驱力，逐步深入课本的重点和难点。

5.课后练习生活化

课后练习环节也是道德与法治教学生活化的环节之一，是对课后作业的查漏补缺。传统的课后练习主要采用填空、问答等方式，侧重书本知识，学生自主探究练习活动较少。因此，教师在练习题设置上，应选择学生身边的话题、社会热点问题。

一是认知类练习，主要考查学生运用所学知识对现实问题进行分析，包括实践探究、材料分析等。可以根据社会出现的一些现象进行探讨，分析原因，尝试找到解决的办法。

例如，在学习完"勤俭节约，合理消费"一课后，教师课后交给学生一个任务，让学生调查自己为期一周的消费情况，并反思分析自己的消费情况，哪些属于理性的消费，哪些属于非理性的消费。通过学生对自己消费情况的了解，让学生树立正确的消费观念，作出合理的消费选择。这样的作业练习，紧密联系了学生的生活实际，巩固了所学的知识，也矫正了行为习惯，达到了良好的教育效果。

二是行为类练习，要求学生把所学的知识转化为实际行动，变成自觉的行为习惯。

例如，在学习完"爱在家人间"后，教师可以给学生布置"帮妈妈做家务"的实践作业，促进学生感恩意识的形成；学完"服务社会"后，组织学生"到敬老院打扫卫生""义务植树"或进行"社区做义工"等主题的社会公益活动，培养学生的社会责任感。

（四）建构生活化的评价体系

"回归生活"已成为当前基础教育课程改革的基本理念和发展趋势，

道德与法治课程的教学评价也要秉承"回归生活"的价值理念，做到在生活中评价学生，促进学生良好道德品质的形成。长期以来，道德与法治学科教学评价存在诸多问题：在评价内容上，教师把目光聚焦在知识的掌握上，忽视学生能力、情感态度价值观的评价；评价方法上，教师追求单一纸笔测验的评价，忽视多样化的评价；评价主体单一，教师是评价的主体，学生被动接受；评价标准齐一化，忽视评价对象的差异性。评价既要关注学生的学业成绩，也要激发学生的潜能，了解学生的发展需求。因此，道德与法治课教学要建构生活化的评价体系，使评价成为促进学生发展、教师提高和改进教学的有效手段。这不仅体现了新时期教学评价改革的发展趋势，也切中了传统教学评价体系中存在的问题，具有十分重要的现实意义。全面构建生活化的评价体系，简单来说教师要做到以下几个方面的"转变"。

1.评价内容由一维目标向三维目标转变

根据加德纳的多元智力理论，每个学生的智力都有其独特的表现形式，不同领域的智力发展水平是不同步的。长期以来，传统的教学评价较多考虑到的是学生言语智力和逻辑数学智力的发展水平，而忽视了对学生其他智力的评价，可拓展的评价内容的空间比较有限。多元智力理论使我们深刻认识到要尊重学生个体发展的差异，从过于注重认知领域的评价逐步转向对学生综合素质的考查，尤其重视对学生能力、情感态度价值观的考查。道德与法治课的评价内容应该借鉴布鲁姆的目标分类理论，按照本学科的特点，从知识与技能、过程与方法、情感态度与价值观三个维度建构综合的评价体系。对学生基础知识的掌握能力的评价可以分为由低到高的五个层级，即识记、理解、运用、分析、综合。这五个层级也反映了学生的认识从简单到复杂不断深化的过程。随着社会的变化发展，掌握系统的学科文化知识已显得不再那么重要，新课改的重点是培养学生的创新精神和实践能力。因此，教师对学生能力进行评价时，不仅要考查学生搜集、处理和加工信息的能力，也要考查学生提出、分析和解决问题的能力，更要侧重考查学生的创新精神和实践能力。道德与法治课程作为一个显性德育课程，承担着传播主流价值观的使命。情感态度与价值观的评价是重中之重，它的内涵十分丰富，包括学生学习的热情、教学过程中丰富的内心体验，端正的学习态度和乐观的生活态度、个人价值与社会价值的统一等方面。

2.评价方法由单一化向多样化转变

传统的教学评价多是以最终的成绩定"输赢"，这种封闭的、单一的纸笔测验评价方法显然已经不适应道德与法治课堂教学生活化的要求。新课改强调教学评价多样化，将定量评价与定性评价相结合、形成性评价与终结性评价相结合。定量评价主要关注的是客观的数据分析，教师不能把它作为评价的唯一方法，否则就成为"有数无人"的物性评价，而对学生能力、情感态度与价值观的评价更需要借助定性评价。实际上，定量评价和定性评价彼此并不互相排斥，教师要在教学的各个阶段灵活采用不同的评价方法，使二者整合为一个连续的统一体。道德与法治课程的终结性评价方式通常是考试，考试是人类文明竞争的产物，新课改并未废除考试，考试仍然是一种传统的评价方法，然而这种凝固的、静止在某一时间节点的评价方法关注的只是学生最终的答案，至于学生是怎样获得这些答案的，则被摒弃在视域范围之外。形成性评价把视域扩展到整个教学过程，关注的是学生学习与成长的过程，终结性评价只有建立在形成性评价的基础上才能确保评价的客观性、全面性和公正性。形成性评价常用的方法有观察、描述性评语、谈话、平时测验、成长记录等，教师对学生的评价要以形成性评价为主，将终结性评价和形成性评价有机结合。

3.评价主体由一元化向多元化转变

教学评价要做到客观、全面、公正，就意味着评价要多角度、多主体化。在传统的教学评价中，教师处于绝对"主角"的地位，自上而下进行，学生处于被动接受的地位，沦为"配角"。实际上，这种一元化的教师全权决定的评价方式脱离了学生的生活实际，不符合道德与法治教学评价生活化的改革趋势。学生不仅生活在学校中，还生活在家庭、社会中，因而教学评价的主体也应有所扩展。发展性评价要求学生也要参与到教学评价中来，教师要改"一言堂"为"群言堂"，赋予学生、家长、社区更多的话语权，建立学生、教师、家长、社区等平等对话和沟通的共同体。另外，教师要重视学生之间的互评。学生由于对自己的无距离感，有时候不能正确认识和评价自己，对自己的认识会有偏差，而以别人的眼睛来观察和审视自己的行为，得出的评价结果可能会更客观。当然，如果评价对象对自己的评价结果有异议，也可以提出"上诉"，要求复评。

通过学生之间的互评，教师能更深入地了解学生的真实情况，也能使学生在互评中加强沟通与合作，形成良好和谐的评价关系，实现评价主体的共同进步和发展。

4.评价标准由齐一化向分层化转变

传统的教学评价是教师以统一的标准评价学生，无视学生的个性差异，采用工业社会标准化的评价方式去评价每一个学生，只会复制出千人一面的庸才。教学评价的对象是多种多样的，不同的学生有着截然不同的个性特征，有着不同的现实基础和发展需求。因此，教师在评价过程中要充分考虑到评价对象的个体差异，遵循学生的认知发展规律、身心发展状况、所处的环境背景、现实基础和发展需求等客观因素，设计分层化的评价标准，以适应不同层次学生的需要。所谓评价标准层次化，主要有两层含义：第一，是指根据教学内容的不同，设置不同层次的评价标准。随着信息化社会的到来，人才竞争愈演愈烈，知识的掌握程度已不能满足社会对人才的需求，教师要尤其重视对学生能力、情感态度与价值观的考查。由于评价内容纷繁复杂，涉及学生知识、能力、情感等诸多方面，因此教师要在评价内容综合化的基础上设计分层次的评价标准。第二，是指根据学生的个体特征的不同，设置不同层次的评价标准。教师要依据个体差异设计分层次的评价标准，既以学生整体作为评价的标准，也要关注学生个体的动态发展，使其在原有水平的基础上不断成长与进步。

将生活化教学落实到道德与法治教学中，将抽象知识与实际生活联系起来，符合道德与法治课程的性质，为课程注入活力。道德与法治教育教学不仅是让学生获得知识，更是为了让学生成为一个在情感、能力、态度等方面全面发展的人。因此，只有理论知识与生活经验紧密地结合起来，才能让学生在实践中领悟知识，形成良好的行为。

第三节　道德与法治课程的体验式教学

新的课程标准和教材的发展变化要求教学以学生的生活经验为依据，教学过程更加注重学生的亲身体验，真正实现教学以"生"为本的要求，而体验式教学法是符合新的课程标准和新教材的一种教学方法，是教师改变传统教学方式，帮助学生形成良好的道德素养和法治意识的重要途径。

一、体验式教学的概述

随着新课程改革的推进，体验式教学已经成为当下较为常见的教学方式。什么是体验式教学？体验式教学具有怎样的特征？体验式教学如何与道德与法治课紧密融合？这些都是道德与法治课在体验式教学研究中的问题。本节将从这几个问题入手来探讨体验式教学在道德与法治课中的研究。

（一）基本概念的界定

1.体验

"体验"在《辞海》中的解释为"亲身经历以认识周围的事物"。在《辞源》的解释中，"体验"既有"领悟""体味""设身处地"的含义，又有"实行""实践""以身体之"的含义。在《现代汉语词典》中，"体验"解释为"通过实践来认识周围的事物；亲身经历"。

"体验"是体验式教学法的核心概念。而关于"体验"的认识，人们最初是从哲学、心理学、教育学等不同的角度进行探讨的。在哲学范畴中，一种解释认为体验是一种认识方式，另一种解释则认为体验是一种存在方式。在心理学范畴中，体验主要是指一种特殊的心理活动，是人在对事物有了真实的感受与深入理解的基础上而产生相应情感并生成意义的活动。在教育学范畴中，不同的学者对体验有着不同的见解。刘惊铎教授认为，体验是体验者头脑中发生的生活阅历、场景以及勾勒未来蓝图的关系与结构的转换活动。张华教授认为，体验立足于人与自然、社会的有机统一的价值取向，会建构意义、澄明存在、生成价值，是主体对客观世界的一种理解和超越。朱小蔓教授认为，体验是人生存的一种方式，也是人寻求生命意义的一种方式，她重视情感体验的教育价值。

对于"体验"的内涵界定，学术界众说纷纭。通过文献的研究，笔者认为，体验是人们在实践的基础上亲身经历事物，通过对事物的反思产生感受和体悟，进而形成自己对事物的认识活动。体验应该是活动过程与活动结果的结合。它需要实践主体，即人，置身于一定的情境中，通过实践来获取体验和感悟。除此之外，还需要结合实践主体已有的认知经验，从客观上对事物进行深入的体悟，这两者缺一不可。

2.体验式教学

关于体验式教学的含义，我国许多学者都进行了研究，大部分学者认为，体验式教学是一种以"体验"为中心，通过学生的亲身参与，使学生从认知、能力和情感方面获得发展的教学方法，可以发现学生要获得体验，有两个前提：一是亲身参与，二是获得认识。因此，在体验式教学法的运用中，教师必须创设一定的教学情境或者活动，首先让学生亲身真正介入其中；其次通过引导，使学生在具体的活动中学习内容，形成自己的见解。因此，可以将体验式教学法归纳为，以学生为主体，教师根据教材内容创设多种教学情境或教学实践活动，让学生在具体的情境与活动中通过自己的亲身经历感知内容，在与他人的交流、探讨中进行思考与反思，进而获得精神上的感悟和情感上的共鸣。体验式教学法是学生自主地积极参与到学习过程中的一种教学方法，这种教学方法强调主动参与而不是被动参与，是一种主动学习的过程，只有这样，才能使学生在学习过程中，通过不断的探索与研究，深入性地了解，最大限度地在学习过程中体验到学习的乐趣，获得亲自体验，引起内心的共振。①

3.道德与法治课体验式教学

道德与法治课的体验式教学是指在道德与法治课的实际课堂教学中，教师选择便于学生在现实生活中寻找到的真实存在的生活片段进行课堂情境创设，在教学过程当中，教师指导学生以实际的生活经验为背景对创设的课堂情境进行主动体验、交流体验、感悟与反思体验，最终从浅显的对理论知识的理解转化为实际思想道德观念的升华和行为方式的内化的一种教学方法。

道德与法治课是一门帮助学生树立良好的道德品质与理性的法治意识的一门综合性学科基础课程，在实际教学过程中重点培育学生拥有正确的世界观、价值观和人生观。良好的道德品质和正确的法治观念的形成不依赖于知识的灌输，而是引导学生个体通过体验、认知、感悟、反思、内化等过程，将从外界获得的直接感受吸收转化成自身内在的品格和观念。道德与法治课体验式教学就是以体验活动或体验思考为方法，帮助学生获得相关的情感体验和隐性的知识经验，使其形成正确的道德品质与法治观念。

---

① 唐良平.让体验式学习真实发生:以初中《道德与法治》教学为例[J].思想政治课教学,2022(07):44-46.

（二）道德与法治课体验式教学的可行性

1.新教材的设计内容为其实施提供基础条件

新版《道德与法治》教材改变了以往教材的说理教学方式，改变了旧教材中教师主导的课堂地位，改变了学生学习知识内容的方式。新教材的编著让教材的使用者成为学习的自我建构者、主动学习者和探索者。新版教材与旧版教材对比，增添了"运用你的经验""探究与分享""方法与技巧""阅读感悟""扩展空间"等内容，这些内容增加了学生在课堂上的发言权，让学生把生活中的经验结合到课堂教学中，让传统的教师讲授拓展成小组讨论、探究教学。新版教材使教学形式生动多样，而且教材中的许多例子、内容比较符合学生时代的特点，适合学生的身心发展。

新版教材以学生为主体，从学生的角度出发进入课程学习，关注了学生在成长发展阶段的冲突与矛盾，通过具有针对性、探究性和情境化的教学，实现了教学内容与学生的对话。体验式教学法可以很好地配合新教材的使用，充分发挥新教材的内容，让学生在学习的过程中感受、反思、升华知识内容，体验参与学习的乐趣，充分发挥道德与法治课程的作用。

2.教学条件的改善为其实施提供有利条件

学生的知识储备、生活经验有限，他们对于社会的认知局限于自己的生活空间，有些内容他们没有接触过，不利于学生对这些内容的理解掌握。而传统的讲授教学法，无论教师描述得如何生动形象，都很难震撼学生的心灵。学生只能被动地接受教师讲解的内容，难以给他们留下深刻的印象，阻碍了课堂活动的有效开展，影响了实际教学效果。随着国家对教育事业的投入，现阶段的教学条件得到很大的改善。新课改背景下出现的多媒体教学设备和第二课堂为教学提供了硬件设施，这些设备的完善明显提高了道德与法治课的教学效果。多媒体教学设备将"声、色、画、乐"融为一体，丰富的画面、震撼的声音能吸引学生置身其中，激发学生极大的兴趣。第二课堂以丰富的体验材料通过真实化的场景设计，更直接地传达了信息，让学生更全面地了解事物，这样的教学才能最直接、最强烈地冲击学生的心灵，增进了教育教学的效果。

多媒体教学设备的完善和第二课堂的创建为体验式教学法的应用提供了必要的硬件条件。在道德与法治课中运用体验式教学法，把现实生活与教材内容联系起来，把正在发生的丰富鲜活的现象呈现给学生，吸引了学生的注意力，增加了课堂的说服力，能有效提高道德与法治课的教育实效性。

3.青少年的成长特点为其实施提供主体条件

教学需要不断丰富学生内心体验，引导学生完成经验化向理论化的过渡。体验式教学法是顺应新一轮基础教育课程改革的学习方式。该教学法要求教师创建符合学生身心发展规律的课堂情境，要求学生自己去亲身经历、去感悟，让学生充分发挥自己的探索能力、好奇心和热情去体验学习，用他们喜闻乐见的方式去组织课堂学习，积极调动学生对课堂参与的兴趣。新课改理念下的体验式教学课堂以学生生活经验为基础，调动学生对生活的认识、体验和感悟，引导学生全面客观地去发现和认识生活，根据学生的身心发展特点，组织多种多样的实践教学活动让其进行体验，帮助学生培养良好的道德法治观念。

二、体验式教学的策略

道德与法治课运用体验式教学可以激发学生的学习兴趣，提高其在课堂的主体地位，有利于学生全面发展。

（一）道德与法治课体验式教学原则

1.亲历性原则

道德与法治课体验式教学的实施，既要重视教师创设情境和活动的可实施性，又要重视学生在教学情境和活动中的亲历性。其中道德与法治课体验式教学主要是一种教师积极引导学生亲身体验教学情境或活动，进而获得优秀道德品质的教学方法。

体验的亲历性包括两个层面：一方面是主体行为层面，另一个方面是主体心理层面。在教学过程中，一方面教师可以根据教材创设一个教学活动，让学生参与教学活动，以获得知、情、意、行等第一手的教学体验成果；另一方面，教师可以根据教材内容引导学生对以前发生并体验过的事情进行回顾和反思，调动学生的情感体验。通过对主体亲历的体验进行归纳总结和反思升华内化为自己的道德品质，并外化为自身行为的体验式教学法，才能真正促进学生的发展。

2.生活性原则

道德与法治课程目标是"促进学生道德品质、心理健康、法律意识和公民意识的进一步发展，形成乐观向上的生活态度，逐步树立正确的世界观、人生观、价值观"。所以，在课堂运用体验式教学法创设教学活动和情境时，要坚持"近、小、实、亲"的基本原则，以求贴近学生生活实际，发挥道德与法治课的育人价值。

道德与法治课教师不仅要认真研究教材，还要利用课余时间深入了解学生，在创设教学活动和情境时回归学生生活实际，创设生活化课堂，使学生在生活情境中体验、感受并理解教材知识内容。这样的教学效果才不仅仅停留在书本层面，更可以帮助学生解读生活中被忽视的教育，让学生更好地感知生活。

3.针对性原则

教师在道德与法治课上进行体验式教学时，要根据教材内容和学生的生活实际，有针对性地选择教学方法，找到学生最容易理解、最感兴趣的内容进行教学体验活动和情境的创设。在运用针对性原则时，要注意从两个角度出发。

第一个角度，体验式教学法可以采用情境体验、视频欣赏、演讲、角色扮演、实验演示、调查访谈等多种方法进行。教师可以选择一种或两种方法对教学活动进行设计。只有选择最恰当的教学方法，才能调动学生内心的情感体验，引起学生的思考，才能达到运用体验式教学法的目的。

第二个角度，要根据班级学生的特点和学生个体的特征来选择恰当的教学方法。不同的班级在不同班主任的带领下会形成不同的班级氛围，学生的生活体验不同也会有不同的感悟。所以，在选择教学方法时要针对不同班级不同层次的学生来考虑教学情境的创设，进而做到因材施教。

4.主动性原则

布鲁纳曾说过：知识的获得是一个主动的过程，学习者不应是信息的被动接受者，而应该是知识习得过程的主动参与者。所以，道德与法治课堂运用体验式教学要坚持以学生为主的原则。教师要充分发挥引导者的作用，引导学生多动脑、多参与、多思考，发挥学生学习的主体作用。道德与法治课的体验式教学法必须落实到学生身上才能真正发挥教学作用，学生才能通过各种活动和情境进行自我培养、自我反思和自我提升。

（二）道德与法治课探究式教学步骤

1.设定目标，准备体验

（1）备教材与备目标相结合

教师在道德与法治课中采用体验式教学，就要在课前认真研究教材内容与本节课的教学目标。首先，在备教材方面，教师要根据教材的内容和特点，吃透教材的教学重点与难点，思考采取最恰当的教学方式讲授教学内容，如角色扮演、阅读朗诵、观看视频等。教师在处理教材时，要把教材中复杂的知识简单化、抽象的知识具体化、深奥的知识浅显化，让学生在一个轻松、简单的环境下感悟活动背后隐藏的知识内容。其次，教师在运用体验式教学法时要与每节课的教学目标相适应。道德与法治课每节课都有其明确的教学目标和教学任务。所以，教师要依托教材内容，围绕教学目标，选择恰当的教学方法，诱发学生进行体验感悟，帮助学生完成教学要达到的目标。

因此，这就要求教师在道德与法治课堂运用体验式教学法备课时要把备教材和备目标结合起来，选择最恰当的教学形式帮助学生理解教材内容，掌握教材知识点，树立正确的价值取向。

（2）"备预设"与"备生成"相结合

教师在进行道德与法治课体验式教学设计时，要把预设与生成结合起来。备"预设"是指教师有目的、有计划地进行教学活动和情境的设计，使教学活动能顺畅地持续进行，使学生能够从教学中理解、掌握教学内容。在教学活动中比备"预设"更重要的是备"生成"。而备"生成"就是在备课的过程中设想通过课堂教学中的师生互动、生生互动有可能生成的问题和结论。因为体验式教学是一种动态的过程，不可能完全按照预设的教学计划进行，所以教师要注意课堂教学的生成。这样的教学生成是一种重要的教学资源，教师对此资源运用得当，能够更好地帮助学生认识、理解教学内容，更能达到比预设更好的教学效果。

2.设计活动，感知体验

设计一个有趣、生动的活动是进行道德与法治课体验式教学的第一步，教师根据教材与教学目标在设计活动时，首先应当充分挖掘教材内容与社会生活的相关度，尽可能将教学内容贴近学生的实际生活，把握学生感兴趣的热点话题，让学生全身心投入教师创设的活动中，感知体验。

例如，在八年级上册"以礼待人"一课进行课程导入时，教师请学生上台表演古代的"敬师礼"。大部分学生只是在电视上见过，从未亲身经历过，此时教师帮助与指导学生进行"敬师礼"："男生左手压右手，女生右手压左手，将双手放置额头，弯腰鞠躬成90°，然后起身，同时手随着再次齐眉，然后手放下。"全班学生通过亲身体验"敬师礼"感受中华优秀传统习俗的魅力，快速感知尊敬师长从古至今都是一个文明有礼之人必备的文化修养，作为学生的我们在任何时候都应当以礼待人。

其次，教师准备活动体验时要精心选取典型素材或者案例，以现阶段学生的心理发展为基准，符合新课程标准与当前学科核心素养的培育要求，在设计体验活动内容上侧重素材的真实性、趣味性以及从中蕴含的教育价值，让学生在体验思考摸索中体悟活动带来的积极意义。

最后，作为道德与法治课教师，在运用体验式教学进行活动设计时需充分考虑该学科课程的特殊性。这是一门侧重学生道德素质养成与法治观念形成的课程，在教育教学中更应该传导主流意识形态。教师在设计体验活动时，应当根据课程内容加入适当的时政热点和新闻事件，这样可以促进学生了解国家与社会，提高对各种错误观点和思潮的判断力，有利于学生法治意识的增强。

3.融入活动，丰富体验

教师在设计合理的情境活动之后，引导全班学生积极融入进行体验，以问题为导向，让学生在体验情境的过程中思考教师提出的问题，通过对感性材料不断地体验与探究，寻找出事物背后的规律。在整个体验活动的融入过程中，教师在教学中起积极引导的作用。教师要设置相关问题帮助学生拓展思路，丰富其情感体验，最终达到理想的教学效果。

学生是否能在教师设计的活动中积极融入并且认真体验，关键在于教师提出情境问题的合理性。在道德与法治课体验式教学课堂上应当如何设置体验问题才能让学生快速融入其中，对于教师来说是一个值得不断深思的问题。笔者在观察中发现，优秀的道德与法治课教师在进行体验式教学问题设置上有以下几个特点：第一，问题设置具有一定的针对性。问题设置符合当前学生的身心发展规律，在提问时问题精准并且切合本节课教学目标，让学生带着问题融入活动、进行体验。第二，问题设计具有全面性。新课程理念要求教师尊重学生间的个性差异，在体验式教学过程中，教师面向全体学生，在进行问题设置时应当兼顾问题难易度，尽量避免空洞、老套式的问题。第三，问题设置的开放性与启发性。道德与法治课源自生活，有些问题的答案并非能用对错来解释，在教学过程中，教师设计问题时尽可能减少问题的限制条件，启发与引导学生进行发散思维，有利于学生创造性能力的发展。第四，问题设计具有生活性和梯度性。体验式教学鼓励学生进行生活实践的尝试，教师在引导学生融入活动时所设计的问题应与学生的实际生活密切联系，在学生进行丰富体验之后，问题的提出要有鲜明的层次性，由易到难，由小见大。

4.交流活动，深化体验

首先，实现全员参与与个性发展相结合。教师在体验式教学活动实施过程中，要引导全体学生积极融入情境进行体验、感悟体验，进而收获教学知识。同时，在全员参与的教学情境中，也要注重学生的个性特征。在全员参与的背景下，学生的体验和感悟也会具有差异性和层次性，所以教师要注意师生之间的引导沟通，尤其是生生之间的交流分享。因为同龄人之间的交流更具有感染性，会促进学生生成新的道德品质。所以，在引导学生全员参与后，要创设一个平等、轻松的教学氛围，促进交流，这样才能集思广益、相互启迪，树立正确的价值取向。

其次，实现教师引导与学生主体相结合。教师要在道德与法治课堂充分发挥体验式教学的作用，就要积极转变教学观念，树立以学生为主体的教育理念，尊重学生学习的主体地位。教师在课堂活动中要从学生的实际出发，让学生通过小组讨论提高学习的能力。教师通过引导学生在课堂活动中的多看、多思、多总结的活动，启迪学生的智慧，教会他们寻找解决问题的方法和技能，使学生把学到的知识经验融会贯通，逐步掌握观察、分析、解决问题的能力。

5.践行活动，升华体验

道德与法治课体验式教学不仅仅是让学生暂时达到理论知识的新高度，根据新课程标准，教学的最终目标要落实到学生实际行动上。体验式教学来源于生活，最终检验教学是否真正完成就需要再次回归到实践生活当中。教育从来都不是一次能够定性的，它始终是一个从实践到认识，再由认识到实践螺旋式不断上升的循环往复过程。道德与法治课教师在课堂内创设各种体验活动让学生运用经验去初步感受理论知识，通过问题设计帮助学生丰富体验，提高对理论知识认识的深度，再通过思想交流的互动和教师及时的归纳总结，提升其对理论认识的高度，最后的落脚点是学生在现实世界这个大熔炉内将课堂体验学习进一步升华，理论知识付诸实际行动，将所学知识回归到生活实际，解决实际生活中的真切问题，真正做到知、情、意、行的高度统一。

道德与法治课是培养学生思想品德发展的课程，该课程以学生的生活经验为基础，在引导学生认识、体验和践行多种实践活动中促进其正确的思想观念和良好的道德品质的发展。体验式教学侧重学生的自主探索与体验，通过教师创设的各种生活化情境，学生将生活中经历过的问题带入课堂中去探究，不仅增强了其对知识目标与能力目标的理解和掌握，更有利于引发学生情感态度价值观的升华，使其成为真正自由全面发展的人。

第六章 核心素养视野下道德与法治课堂学习评价

第一节 定性与定量相结合的综合评价

当下课程改革的趋势已经由过去以学科为载体的课程建设转为面向学生全面发展的课程建设。在这种背景下，要有效地促进学生核心素养的发展，传统的教学测量与评价方式显然难以适应这一趋势，必须要有与之匹配的评价方式、评价方法、评价机制。基于学生发展核心素养的道德与法治课堂学习评价，必须以学生发展为宗旨，积极追求具有生长力量的学习评价。

一、定性与定量评价的概述

课堂学习评价是课堂教学的落脚点，我们应该改变"考什么，教什么"的落后教学观念，立足过程，促进发展。采用定量评价和定性评价相结合的方法，探索和改进新形势下的课堂教学评价，为核心素养的培育奠定基础。

基础教育的性质决定了它要为学生的终身发展打下基础。学科核心素养的培育是促进学生发展的关键。它既着眼于学生的现在，又关联着学生的未来。它指向过程，关注学生在学习过程中的体悟。学科核心素养的培育，必然要以有效的评价机制为保障，才能落实到学生培养的过程中，成为对教育教学有现实指导意义的东西。

定量评价法是当下我国课堂教学被广泛采用的学习评价方法。它通常指利用数学方法，对评价所需要的数据信息进行收集与整理，旨在对被评价者作出定量的价值判断。主要包括纸笔测验法、量化考评法、等级评定法等。

定性评价法就是利用分析与综合、比较与分类、归纳与演绎等逻辑分析的方法，将评价数据和信息进行思维加工，对被评价者作出"质"的价值判断。学生在课堂上学习会进行观察、合作、讨论等许多活动，学生在这些活动中表现出的创造性、情感态度与价值观等内在核心素养是无法用数据来直接测试的。这些内容如果不加以评价，就失去了教学中最有价值、最本质的东西。这就需要教师在学习的情境中注意收集学生的学习活动表现信息，从而进行评价。这样的评价是多样的、动态的，需要及时观察学生的学习进程和发展变化，这种评价就是定性评价。

定性评价和定量评价这两种方法各有优劣。定量评价主观臆断的成分少，逻辑性强，精确度高，可操作性强，其结果也相对客观。但也存在容易给学生贴标签、易漏掉评价标准等弊端。定性评价侧重于学生的学习过程和发展变化，有助于学生综合能力的提高，有助于促进学生全面发展。但评价难度较高，时间跨度大，主观随意性强。课堂教学是一个复杂的动态活动，仅凭定量评价或定性评价其中一种，很难对基于核心素养的课堂教学作出客观评价。因此，课堂教学评价需要将定量评价方法与定性评价方法相结合。

将定量评价与定性评价相结合，并非将二者等量齐观。我们要善于根据教学内容的特点、目标来制定相应的评价策略，使用相应的评价方法，去评价学生素养的发展。只有将定量评价与定性评价有机结合，才能得出相对全面、客观、辩证的评价结果。

二、定性与定量评价的实践

学科核心素养应该是一个量与质结合的因素。由于个体先天条件不同以及教育实践活动过程中收效不同，学生核心素养的水平会存在一定程度的差异，在核心素养的评价上就应该体现出层级化。把核心素养的要求、评价理念、发展思想融入定量和定性的评价中，这是核心素养的"落脚点"。

（一）用形成性定量评价的方式为核心素养的落地提供"数据点"

学生核心素养的水平存在一定程度的差异性，这种差异性与学生的先天条件有关，更与教育实践活动的过程和效果息息相关。核心素养肯定不能通过考试成绩作简单的评价，把核心素养的评价落实到课程和学业之中，运用形成性定量评价对学生的表现进行持续记录，这样就有了形成性、终结性的量化评价，通过真实直观的数据评价来反映学生的日常学习和科学素养发展情况。

形成性定量评价不能简单地记录学生的平时作业和测验成绩，然后按一定比例分配，算出综合成绩，这样的评价对于核心素养的培育没有任何意义。形成性定量评价应该是在教学过程中收集、记录学生课堂学习的信息，重视对学生个体的情感、态度和价值观的观察，发现其不足，关注个体差异，并进行自我评价、互相评价的一种评价方式。

通过课堂跟踪和评价，无论是知识丰富的学生还是积极参与的学生都会受到表扬，而那些评分不佳的学生则会更清楚地了解自己的不足，从而形成一种奋发进取的良好学习氛围。这样既可以使学生重视学习过程，正确判断与评估自我，查漏补缺，又能发现自己的长处，增强自信心；既提高了道德与法治相关的认识，又使思维得到了发展与提升。

同时，教师可以对学生在课堂学习中的行为、态度和素养发展进行一个动态的评价，关注个体、小组学生的活动进度，也就有助于关注全体学生的发展。如对于发展落后的学生，教师可以进行重点指导和帮助，用鼓励、发展的眼光关注和帮助每一名学生，这是核心素养培养的最直接体现。

（二）用发展性定性评价的方式为核心素养的落地提供"成长点"

北京师范大学教授林崇德指出："核心素养具有可教、可学的外显部分，同时也存在无声、无形但可感、可知的内隐部分。前者能够在特定的情境下通过一定的方式表现出来，因此能够有效地对其进行定量的测评；而后者则偏向于一种潜移默化的隐性渗透过程，需以定性、形成性评价的方式进行评估，强调对核心素养形成过程的高度关注，关注个体在此过程中的感受与体悟。"①

道德与法治课堂用定量的评价对促进学生核心素养发展的局限性较大，有许多内含的、隐性的素养无法量化。学生的差异性、个性思维、问题解决技能、合作交流等要得到体现和促进，就需要定性评价的方式，因而发展性的定性评价方式就成了学生核心素养落地的"成长点"。

教师抓住核心素养的成长点，通过师生、生生合作探究，形成动态化的学习场景。教师与学生之间、学生与学生之间进行对话、交流。在对话过程中，教师对符合主旨的理解予以肯定、总结和升华；对欠缺思考的观点，采用引导的方式步步推进，往较为正确的方向上引导。这是一个发展性定性评价的过程，在这个过程中，教师关注学生的个体差异和不同学生的学习需求，尊重学生的好奇心、求知欲，充分激发学生的主动意识和进取精神，促进了问题解决、合作交流等能力的发展。在课堂学习的过程中，师生分享了知识、获得了体验，语言建构与运用、审美鉴赏和创造能力得到了真正的提升，同时思维也得到了进一步发展。

（三）用定量评价和定性评价相结合的方式为核心素养的落地提供"着力点"

尽管我国多年来一直追求素质教育的育人目标，考试制度改革在不断推进，但高考、中考的"指挥棒"作用依旧明显。要想实现对学生的

---

① 柴唤友,陈丽,郑勤华,等. 学生综合评价研究新趋向:从综合素质、核心素养到综合素养[J]. 中国电化教育,2022(03):36-43.

全面培养，基于学科核心素养的评价就必须从内容到形式实现转变。通过多元化的评价模式，切实改进评价机制。采用定量评价和定性评价相结合的评价方式，为核心素养的落地提供"着力点"。

与标准化考试相比，成长记录袋是一种很好的方法，它能包含更多的信息，如知识的掌握程度、问题解决的过程、参与讨论的情况、在学习活动中和谐地与他人相处的能力、在小结中体现出的自我反思能力等。成长记录袋是定量和定性评价中不可缺少的评价方式。它收集能够反映学习过程和结果的资料，可以更加客观、公正地描述学生的进步和不足，向学生提出有价值的学习建议，同时还具有连续性和民主性。

第二节　基于生长理论的多样化评价

一、基于生长理念的多样化评价策略

课堂是流动的、生成的，因此基于学生发展核心素养具有生长力量的多样化学习评价没有固定程式。在实施过程中，教师要树立差异性、指引性和针对性思维。

树立差异性思维。基于学生发展核心素养的教学，强调尊重学生的思维差异。因为每个学生的心理状态、智力因素、求知欲望、兴趣爱好、努力程度等各不相同，他们都是唯一的，他们的生长和发展也都呈现出独特性和不可复制性。因此，在课堂教学中，教师很难找到一个适用于所有人的统一的评价标准，必须实行有差异的学习评价。为此，教师要对学生的学习评价精心"备课"，充分考虑学生之间的差异性，学会从不同角度、用不同标准评价不同学生，不断增强其信心，激发其学习动机，从而让学习评价促进学生自由、充分、个性化地生长，让不同层次的学生都能享受学习的快乐，获得道德与法治素养的提升。

树立指引性思维。基于学生发展核心素养的学习评价就是在教师的指引下，学生进行主动建构。"正确资源"是指引生长的出发点。在课堂上，教师如果能及时捕捉并放大学生发言中的亮点，其他学生就会受到启发。"错误资源"也是指引生长的出发点。当学生理解错了，教师要及时指出其症结所在，并加以指引；当学生产生思维定式时，教师可以指引学生多角度思考等。教师的指引要做到深入浅出，从单向到多向，从简单到复杂，使学生在原有基础上向纵深处思考，实现生长。这样的学习评价激发了所有学生的思维活力，拓宽了他们的思维空间。

树立针对性思维。学生发展核心素养的基本理论告诉我们，学习评价应该在促进学生的发展上有所作为。评价指向生长，根本目的在于促进学生自我生长。实现自我生长，首先要正确认识自我，因此学习评价要有针对性。有针对性是指从学生的认知基础和发展需要出发，既明确地肯定其发言的精彩之处，又要敢于对其发言中存在的问题予以否定，同时指出问题症结所在。只有具有针对性，学生才能明白得与失。学习评价有针对性是指引学生进一步思考、实现"有所生成"的基石。

核心素养具有指向未来、不断优化发展的动态性。在教学实践中，学习评价常常忽视学生生长的方向，扼杀学生生长的热情，这些大多是因为教师在学习评价中不具备或不完全具备上述思维，这是教师需要注意的。

二、基于生长理念的多样化评价方法

在课堂教学实践中，课堂具有动态发展性，教师基于学生生长的学习评价方法可以多样化，也必须多样化。下面介绍几种常见的学习评价方法。

（一）跟进式学习评价

教师就某一内容或某一问题，基于学生理解的实际，运用跟进式学习评价，能把学生思维一步步往前推，使其向更深、更广处探寻，获得发展。

（二）延伸式学习评价

延伸式学习评价是指在某一个教学环节结束，教师对学生的课堂表现进行评价时，将问题恰到好处地延伸。延伸式学习评价的目的在于把问题引向深入，使学生模糊的认识清晰化，使理解有所提升。

（三）赞领式学习评价

在课堂教学中，"赞领"就是指当教师敏锐地捕捉到学生发言中的"生成点"时，在赞赏中巧妙地蕴含思维引领。其他学生在教师融思维引领于赞赏的评价中得到生成的暗示，明确思考的方向，实现积极生长。

（四）交互式学习评价

交互式学习评价就是在课堂上师生彼此驱动，通过师生、生生之间的互动评价，发现新问题，提高新认识，从而加深理解。核心素养基本理论主张，科学的学习评价是评价者与被评价者之间彼此为师、共同建构、共同生长的过程。交互式学习评价方式的采用有效实践了这一主张。

（五）表现式学习评价

表现式学习评价是指通过观察学生在完成任务过程中的表现来评价学生已经取得的成绩。它不仅要评价学生知识和技能的掌握情况，更重要的是要通过对学生表现的观察分析，评价学生在创新能力、实践能力、与人合作能力以及健康的情感、积极的态度、科学的价值观等方面的发展情况。表现式学习评价是一种主观的评价方法，所以我们要尽量使主观性评价趋于客观，要牢记评价目的，制定有效的评价规则，以及保持评价规则应用的一致性。

（六）多元主体式学习评价

这种学习评价主要运用在实践活动（包括科学探究、实验、调查、科技制作、演讲表演、角色扮演、社会活动等）中，对于学生在实践活动过程中的表现和成果可以通过多种途径作出评价。例如：观察、记录和分析学生在活动过程中的参与意识、合作精神、表达交流、实验操作等；分析学生的实践活动成果，如调查报告、观察日记、实验报告等。实践活动评价主体要体现多元化，提倡采用个人评价、小组评价和班级评价相结合的形式，还可以联系社区、家长、专家等对学生的活动过程及实施情况予以相应的评价。多元主体式学习评价既可以在教学过程中进行，又可以在教学结束后进行。

第三节　课堂教学环节的形成性评价

一、形成性评价的内涵与特征

形成性评价关注学生学习的过程，以发现学生学习过程中的问题并及时反馈、矫正、改进为重点，通过跟踪观察、调控学生学习的过程，干预学生学习的态度、情感、方法、途径、技能、思维等，从而提前影响学生学习结果的生成，避免其在获取知识和能力的过程中走弯路。由此可见，形成性评价是一种发生在教师的教与学生的学互动变化之中、贯穿于课堂教学各个环节的过程性评价，是教师依据学生需求，不断调整教学，以促进学生核心素养发展的过程。[①]

基于学生核心素养的形成性评价具有以下特征。

评价与教学不可分割，多种评价策略贯穿始终。形成性评价强调评价与教学目标、教学过程的一致性。评价与教学不是彼此割裂的，因此，教师需要在教学的每个环节选择恰当的评价方式与策略，收集学生学习进展证据，并根据需求及时调整教学。可以看出，形成性评价的方

---

①任星星. 形成性评价在初中道德与法治课中的运用研究[D]. 济南：山东师范大学,2019.

法绝不是单一的，而是多样的，也需要渗透融合到学生学习过程的始终。这有助于提升学生的学习主体意识和反思意识，还可以帮助学生意识到可以用多种形式展示学习的进步，提高学生学习的信心。

收集学生学习进展证据，助推全体学生多维发展。形成性评价着眼于学生知识和能力的形成过程，跟踪学生知识和能力产生、生长、壮大、成熟的每个节点，借助评价去检查、诊断、反馈、激励学生学习的每个环节，从而确保最终结果的正确。为此，形成性评价强调不能仅凭教师的主观经验，而需要运用多种方法收集全体学生在教前、教中、教后各个教学阶段的学习进展证据（包括学前调查结果、课后访谈结果、学生课堂行为表现、学生口头和书面输出等），确保每个学生都能获得积极而多维的生长。

基于目标和成功标准，有效反馈并及时调整。形成性评价更加关注如何实现学习目标，更关注学生学习的"过程"和"推演"，因此，在教学前，师生都应明确教与学的目标。在教学过程中，教师需要根据学生的表现，不断给学生提供反馈，既要肯定成绩，又要指出不足。具体而言，有效反馈应做到：①具体，有针对性；②多针对学习内容和学习过程，不要针对学生自身；③先给予肯定，再给予建议；④反馈中优点的数量不能少于缺点；⑤多用描述话语，不用评判话语；⑥适合学生认知水平，学生易懂；⑦选择与学习最相关、最重要的反馈，而非有错必纠。教师还需要在教学内容、教学形式、教学进度等方面作出及时调整，以适应学生需求。

实施形成性评价，促进师生共同发展。要有效实施形成性评价，在教学中必须彰显"教师是课堂教学的组织者，学生学习的合作者、帮助者角色"的定位。这一定位是师生建设共生型生态课堂的前提。有了这个前提，师生就能在共同活动中生成新的知识并形成能力。这样的共生课堂特别关注知识和能力的孕育过程，用形成性评价及时发现、矫正学习中的问题，确保课堂的航向正确，确保师生都能体验到获取知识与能力的快乐和幸福。

二、形成性评价的实施要点

(一) 正确把握形成性评价与终结性评价的关系

如果说终结性评价关注的是学习的结果和结论，那么形成性评价关注的则是学习的过程与经历。一般而言，形成性评价不以区分评价对象的优良程度为目的，不重视对被评对象进行分级鉴定，而是帮助学生和教师把注意力集中到学习上。形成性评价能较为及时地给教师提供信息反馈，不断改进和优化教学方式，提高教学质量。同时，能诊断学习过程中学生出现的问题，发现薄弱环节，从而促使学生调整学习态度、矫正学习习惯、改进学习方法，努力使之达到课程标准所提出的要求。可见，形成性评价的点滴积累是终结性评价取得丰硕成果的重要基础。

(二) 充分发挥学生在形成性评价中的主体作用

过去的学习评价主要是教师对学生进行评价，学生成为评价结果的"消费者"。基于学生发展核心素养的课堂教学，在学习评价方面更强调评价主体的多元化，充分发挥学生在评价中的主体作用。也就是说，学生必须参与学习评价的全过程，并要不断强化自我评价和合作评价，这样才能使学习评价对学习的促进作用最大化。

(三) 做好形成性评价任务的设计

合理的形成性评价任务既能检测学习目标的达成情况，又能促进学生学习，推进教学进程。形成性评价任务的设计必须关注任务的目标性、层次性、可测性和拓展性。

(四) 及时反馈评价信息，制定和实施改进措施

评价的一个重要目的是改进教学和提高教学质量。形成性评价通过多种渠道、多种方法收集、综合和分析学生学习的信息，并进行归因分析，了解学生的能力、兴趣和需求，对学生的学习过程和教师的教学过程作出恰当的评估和判断。评价信息的及时反馈有利于教师和学生制定改进方案、实施改进措施。这为教师和学生提供了一个不断完善与提高的机会，也有助于提高教与学的效率。

第四节　学习评价中信息技术的运用

一、学习评价中信息技术的运用情况

基于信息技术支持的学习评价实质上是信息技术与课堂学习评价的融合。它通过有效、合理的信息技术手段，为师生搭建沟通平台，变革课堂学习评价方式，提高学习评价的效果，对学生的综合素养进行全面判断和测评。

这种评价要有效进行，不能单纯地依靠某一种信息技术手段。因为单一的技术手段有一定的局限性，无法满足复杂多变、内容丰富的学习评价活动。要实现有效的学习评价，需要综合运用各种信息技术手段，创造有利于学生评价顺利有效进行的技术环境。这种技术环境包括虚拟学习社区、网络教学平台、互动交流平台、电子档案、电子书包等综合性的信息技术工具。通过班级 QQ 群、多人视频、即时通信等工具为师生搭建交流沟通平台；通过概念图、图表、可视化工具、电子书包等工具，让学生开展基于信息技术的深度学习。

将信息技术引入到学习评价过程中，是为了改变学习的评价理念、评价方法，以获得评价效率的提高，促进学生道德与法治素养的提升，但这并不意味着信息技术在学习评价过程中起到主导作用，相反，信息技术在学习评价过程中仅仅起到辅助作用。[①]

二、学习评价中信息技术的运用方向

信息技术的迅猛发展对教育产生了深刻影响，从教学设计到课堂教学，从作业提交到教学评价，都与信息技术密切相关。在信息技术环境下，教学评价不再局限于宏观的评价，而是借助一定的与信息技术有关

[①]黄心仪.基于核心素养的初中信息技术课程学习评价研究[D]. 呼和浩特:内蒙古师范大学,2020.

的手段，注重学生在学习过程中的微观变化，关注学生心理、思维等的发展。

（一）运用信息技术，更好地彰显学习评价的正向价值

现行的评价过分强调甄别和选拔的目的，在一定程度上限制了课堂学习评价的作用。信息技术支持的学习评价要淡化选拔功能，促进学生学习能力和综合素养的提高，运用信息技术记录学生的成长过程，通过积极的语言和行动，用新型评价促进学生的发展。

（二）运用信息技术，更科学合理地设计和使用多样化评价方式

将信息技术运用到学习评价中，其数据为学习评价提供了一定的量化标准，不仅有利于学生对知识的掌握，更有利于学生运用知识解决实际问题能力的提升。同时，使评价方式灵活多样，给予学生更大的自主选择空间，帮助学生有效调控自己的学习过程，使学生从被动接受评价者转变为评价的主体和积极参与者。在信息技术环境下，课堂学习评价既可以面向学习过程、学习结果，又可以面向学习资源，从而全面提高学生的素养。

（三）运用信息技术开展学习评价活动，促进学生思维发展

传统的课堂学习评价方式容易导致学生出现从众心理、畏难心理，以及依赖性强、机械记忆等问题，从而影响良好思维习惯和思维品质的形成。

基于信息技术的课堂学习评价，突显学生的主体地位，培养学生的主动思维、质疑精神，激发学生的创新思维。

第七章　核心素养视野下道德与法治课堂教学创新

第一节　中华传统文化的课程融入

中华优秀传统文化是中华民族的瑰宝，是中华文明的重要组成部分，包含了丰富的道德、法律、礼仪、文学、艺术等方面的内容。将中华优秀传统文化融入道德与法治课堂教学，有助于增强学生的国家认同感和文化自信，提高学生的道德素养和法治意识，培养学生的文化修养和审美能力，促进学生的全面发展。

一、中华传统文化的主要内容

（一）儒家思想

中华民族五千年文明史中，儒家文化思想在中国传统文化思想中占据主流地位，儒家思想以倡导个人的修身和道德的完善为重要导向，主要包括仁爱思想、礼制思想、中庸思想、日常为人处世中要恪守的仁义礼智信忠孝廉等基本准则，这些思想贯穿中国传统社会的始终，在当代社会中仍然发挥着重要的作用。儒家的仁爱思想包括不同层面的含义：其一是要求社会成员要以"爱人"之心来对待他人，仁德之心是人们修身的关键；其二是要求统治者要实行仁政，对待国家的人民要有仁慈之心，社会中各个阶层的人民都享有获得尊重和幸福的权利，统治者应该将仁政推行到国家的各个方面。孔子在《论语》中提出"克己复礼为仁""仁者爱人"，"仁"不仅是孔子克己治人的重要原则，也是实现道德教化的最高准则，"仁"这一思想包括人与人、人与自然等各个方面，"己所不欲，勿施于人"是孔子的人本思想，适用于事物的各个方面。

儒家的礼制思想中强调"礼"的重要性，礼代表着社会中的道德秩序，礼制也分为不同的方面：对于统治者而言，礼制是维护国家稳定的政治制度，是维护自身统治的等级制度；对于社会成员而言，礼不仅包含社会中约定俗成的礼法，比如婚礼、祭祀、宴会等大型活动固有的形式和讲究，还包括日常行为活动中需要遵守的规矩。对于传统礼制，其中包括精华思想也包括糟粕部分，要正确看待儒家礼制思想，深入挖掘其精华部分，将仁爱、礼制的精华思想融入现代的文化育人之中。

儒家文化中还倡导中庸思想，中庸意在强调和谐的重要性，世间的万事万物只有在和谐中才能寻求发展，中庸思想中有这样的说法："喜怒哀乐之未发，谓之中；发而皆中节，谓之和。"由此可知，儒家的中庸思想不是为了压抑人性，而是顺应人性；不是让人不思进取，而是告诫人们无论是什么样的状态都应该在自己的本心中找一个平衡点，用平常心对待世间万事万物的变化更替。需要注意的是，孔子提出"内圣外王之道"，要求人们尚和，致力于达到"天下为公"的境界，因此，尚中的中庸之道是当下应该深入挖掘的精华，而极端的中庸之道是应该避免的，在这方面同仁爱思想、礼法思想具有一致性，万事万物过犹不及，把握平衡的度是关键。

历史有其局限性，文化也有一定的局限性。儒家思想虽然是中国传统主流思想，但在它的架构中也存在阻碍社会发展的糟粕思想，比如君权神授、三纲五常、三从四德，还有存天理、灭人欲等思想，这些思想在当时以小农经济为主体的社会中有其存在的合理性，但是随着时代的变迁，人们思想的不断开化和进步，尤其是在新时代社会主义先进文化育人的过程中，这些思想应该予以剔除。

（二）道家思想

道家思想文化作为中华传统文化的重要组成分支，内容也是集精华与糟粕思想、进步与落后思想于一体的。当下，要更好地发挥文化育人作用，需要对道家思想文化中所蕴含的精华思想进行深入挖掘，将其精华思想古为今用。

道家思想的代表人物有老子和庄子等，"道法自然""无为而治"是道家的主要思想。"道法自然"是指人类与自然界的万事万物都是平等的，世界万物都要遵循自然的规律，按照自然规律进行社会活动。道家思想崇尚自然，老子主张"返璞归真""人法地、地法天、天法道、道法自然"，这些思想对于当下的生态建设具有很重要的借鉴意义。"无为而治"的思想认为人类应当追求精神世界的解放和自由，不应该被外界一切事物影响，保持纯洁的心境，换句话说，顺其自然、保持本心是其内在本质。庄子认为鲲不用凭借任何外在的事物就可水击三千里，鹏也可以凭一己之力扶摇直上，这说明精神世界对于万事万物的重要性，这一思想无论对于当下中国的生态文明建设，还是对于中国推动全体人民追求物质富足的同时更要寻求精神的富裕都具有重要的启示作用。但同样需要注意的是，不能将无为而治当作逃避开拓创新和躲避竞争的借口，在新时代社会的运用中，需要结合不同的情况，具体问题具体分析。

（三）法家思想

法家作为诸子百家其中之一，以韩非、商鞅等为代表人物。他们主张通过变法来变革国家中不合理的因素。法家思想中的变法主要涉及社会政治方面以及经济改革方面，对于当下的文化育人、建设社会主义法治国家具有重要的理论意义。

法家思想重要的观点理念就是"法、术、势"。韩非认为，治理国家需要制定相关的法律、法令等规章制度，来对人民包括君主进行行为约束，"法"应该由统治者制定和颁布，坚持公开和公正，对于人民，要奖罚有别，对于遵守法律法规的社会成员，应当适当地予以奖赏鼓励；而对于故意违反者，要给予合适的惩罚，从而使国家的法律、法令等真正被人民所接受，维护国家的安定。但是，法家思想中的"法"具有一定的片面性，其反对儒家的诗书礼乐等教条，反对儒家仁义孝悌等道德准则，提出"故明主之国，无书简之文，以法为教；无先王之语，以吏为师"的主张，强调要废除儒家的典籍文化和道德说教，也正是由于这个原因，法家文化中强调的法治思想迈向了君主专制的道路。法家思想中的"术"是指统治者对于下属的掌控，是一种操控之术，在这一思想的作用下，臣民没有自主的权力，君主掌握一切权力，这种制度虽然可以促进当时社会的高度统一，但是社会也由此变得僵化。法家思想中的"势"，是君主专有的权势，韩非认为足够的地位和权势是君主统治国家的关键，如果只是注重德性和才能，没有一定的权势，必然治理不好国家，对于法家思想的"势"，我们应该全面客观地看待。

二、中华传统文化融入道德与法治课堂的路径

（一）教学内容的选择

1.中华传统文化内容的选择

中华优秀传统文化包括儒家、道家、佛家及诸子百家其他流派，每个流派都有其独特的价值观念。教师应该根据学生的年龄、课程设置和教学目标，选择符合实际情况的传统文化内容进行教学。道德与法治课程是必修课程，内容包括基本的道德规范和法律知识。在选择传统文化内容时，应该与课程内容相衔接，将传统文化与道德和法律知识结合起来，加深学生的理解和认识。

2.道德与法治课程相应内容的选择

在道德方面，教师可以从中华优秀传统文化中选择体现儒家、道家等思想的经典文化、传说故事、寓言等内容，培养学生的品德修养，引导学生树立正确的道德观念和行为准则。例如，《三字经》《弟子规》等

经典文化是中华优秀传统文化的重要代表，通过讲解、诵读和解释，可以让学生了解中国古代文化，了解传统的美德观念和人生哲学，从而潜移默化地影响学生的行为习惯和思想认知。

在法治方面，教师可以从中华优秀传统文化中选择历史故事、法律文化等内容，帮助学生了解中国传统法律文化，培养学生的法治意识和法律素养。

（二）教学方式的选择

1.传统文化教育的特点和优势

中华优秀传统文化是中国文化的重要组成部分，源远流长、博大精深，包含着丰富的道德和法治思想。将中华优秀传统文化融入道德与法治课堂教学中，可以增强学生的文化自信心、民族认同感，加深学生对道德和法治的理解和认识，提高学生的道德素养和法治素养。在选择教学方式时，应该充分考虑传统文化教育的特点和优势。传统文化教育具有深厚的历史底蕴，丰富的内涵和多样的形式。传统文化教育能够以小见大，通过引导学生对传统文化的学习，让学生在体验中感悟，形成对美好事物的向往和追求。同时，传统文化教育能够潜移默化地影响学生的思想和行为，使其自觉遵守道德规范，认真对待法律法规。因此，将中华优秀传统文化融入道德与法治课堂教学中，应该尊重传统文化教育的特点和优势，采取多种形式的教学方式，如讲授、阅读、诵读、演讲、实践等，让学生在多种方式中感受到传统文化的魅力。同时，应该注重教学的针对性和实效性，将中华优秀传统文化与道德与法治课程有机结合，注重学生的实际需求和特点，让学生在学习传统文化的同时，更好地了解和掌握道德与法治知识。

2.教学方式的多样性和创新性

教学方式的多样性和创新性对于中华优秀传统文化融入道德与法治课堂教学至关重要。传统的教学方式往往会让学生感到乏味和无趣，难以激发学生的学习兴趣和主动性。因此，在教学过程中，教师需要充分考虑学生的个体差异和接受能力，灵活运用各种教学方法和手段，打破传统教学的束缚，创造出富有生命力和感染力的教学氛围。

例如，可以采用情境教学、角色扮演、游戏教学、互动教学等多种教学方式，让学生在活动中学习，增强学习的趣味性和实用性。同时，教师也应该善于利用现代科技手段，例如多媒体教学、网络教学等，将中华优秀传统文化的内涵和精神展现得更加生动、直观，以此激发学生的学习兴趣和创新能力。

（三）教学资源的整合

1.传统文化资源的获取和整合

传统文化资源的获取和整合是中华优秀传统文化融入道德与法治课堂教学的重要环节。一方面，传统文化资源的获取需要广泛收集各种与传统文化相关的教学资源，包括书籍、图片、音频、视频等多种形式，同时还需要建立一套完整的评价体系来筛选和鉴定资源的质量和适用性。另一方面，传统文化资源的整合需要考虑资源的时效性和实用性，以便在教学过程中更好地应用和传播。为了有效整合传统文化资源，教师可以通过开展各种形式的文化活动，如文化展览、文化讲座、文化体验等，激发学生的兴趣，增强学生的文化认知和情感体验。同时，可以利用线上平台，建立传统文化资源共享机制，使不同地区的教育资源能够得到互通和共享，提高资源利用的效率和质量。①

2.线上线下资源的利用

将中华优秀传统文化融入道德与法治课堂教学中，线上与线下资源的利用是非常重要的一环。随着数字化时代的到来，传统文化教育也在不断转型，线上资源成为一种新的教育方式。通过线上资源的利用，不仅可以节省时间和成本，还可以满足学生多元化的学习需求。例如，通

---

① 崔含.中华优秀传统文化融入思想道德与法治课的内在逻辑和创新路径[J].中学政治教学参考,2022(36):48-50.

过线上平台的视频教学、互动问答、游戏等多种形式，可以增强学生的学习兴趣，增强学习效果。同时，在利用线上资源的同时，也不能忽视传统的线下资源。例如，利用博物馆、文化遗址、民俗文化等实体资源进行亲身体验和观察，可以更好地让学生了解和感受中华传统文化的魅力。这些线下资源不仅可以增强学生的感性认识，还可以激发学生对中华传统文化的兴趣和热爱。因此，在教学中，要充分利用线上线下资源，将中华传统文化教育融入学生的生活中。

第二节　道德与法治课智能生成课堂

一、智能生成课堂概述

（一）教学的最高目标和智能生成课堂的内涵

1.教学的最高目标是发展学生的智能

人类一切社会实践活动不是为了重复过去，而是为了创造美好的未来。人的创造能力和创造精神是由人的智能决定的。因此，教学的最高目标不仅是向学生传授知识，而是在传授知识的过程中发展学生的智能。

人的智能分为内在智力和外在行为两部分，智力是行为的条件，行为是智力的结果。构成智力的观察能力、记忆能力等属于感知层次的认知能力，有人甚至把它们归为非智力因素，认为"所谓智力，就是思维能力"。而行为是人运用智力产生结果的过程。总的来说，过程的创造性结果体现为内在智力水平和外在行为能力统一的智能。

知识包含着不同程度的智能因素，这种智能因素是潜在的，必须在理解和运用知识的过程中才能转化为行为性的智能。理想的教学是一种继承前人智能并发展学生智能的教学，是思维的完整过程而不是简单的结论，是智能的精髓而不是知识的空壳。因此，教学的关键是发展学生的思维能力、生成学生的智能、生成学生的思维和思想。

从这种意义上说，学生的学习就是创造。在教育领域，创造大致可以分为两类：一类是科学上的创造。它是创造人类历史上未曾发生的，是真正意义上的"原创造"。另一类是教学上的创造。学生获得的知识虽然大多数是前人已有结论，但是这种结论是学生个体生命中还不曾发生的，一旦经过学生的感知、抽象、想象的思维过程而自主生成，即为创造。这种创造相对于"原创造"可称为"模拟创造"。

"模拟创造"的结论虽然是对"原创造"的再现，从人类认知整体上看似乎有"模仿""抄袭"之嫌，但对于学生个体生命的成长来说仍具有原创的意义。学生在学习中探明了"知识"的来路、学会了应用，对学生来说就是创造，因为学生在学习过程中掌握了前人的思维方式，培养了自己的思维能力，进而能够创造性地开展学习实践活动。

2.智能生成课堂的内涵

人的智能只有在实践过程中才能得到发展。学生的创造精神和创造能力并不是在存有大量的知识后自动冒出来的，而是在学习、运用知识的过程中努力生成的。基于这种认识，我们提出了智能生成课堂。

发展学生的思维能力是教师课堂教学的不懈追求。智能生成课堂是教师在课堂教学过程中促使学生运用智能并努力发展智能的课堂教学，其最终目的是培养学生的创造精神和创造能力。

道德与法治课智能生成课堂包括三种要素，即情境材料、探究和表达。情境材料是指课堂上为学生提供充分的学习、研究的材料。学生的认知结构具有开放性和动态性的特征，只有与外界不断进行信息能量的交换才能维持和发展其生命力。情境材料是外界刺激，是学生探究的对象，其本质上还是一种思维酵母。探究是指教师组织学生根据提供的材料展开研究。学生在课堂上的探究是一个动态的实践过程，首先是问题的发现，其次是材料的收集、整理，但关键是观点的孕育、形成自己的观点和思想。表达是指教师推动学生及时呈现研究成果，在同伴间寻求交流，这是课堂教学的最高阶段。学生的表达具有生成性和物质性的特点。生成性指表达是学生知识、能力、精神三者交互作用、共同发展的过程和结果，物质性指表达是以发布各种外显形态的作品进行的。[①]

提供情境材料、组织探究、推动表达构成了动态的、递进的、完整的思维过程，是智能生成课堂的三个关键环节。学生的思维能力就体现在这完整的思维过程之中，并且能够在实践性的动态过程中运行、发展起来。

（二）智能生成课堂的教学特色

智能生成课堂的教学，应以学生为本，在多元智能理论的背景下，体现生成性教学思想，以课程纲要为指导，以导学案、训练案为桥梁，先学后教、以学定教、当堂训练、当堂检测、分层达标。以提升学生能力为根本，以在教会学生学习知识的过程中发展学生的智能为最高目标，以启迪学生思维为核心。运用生成性教学策略，生成知识，生成多元智能，生成情感态度与价值观。教学要为学生的终身发展奠基，促进学生全面而有个性的发展。

（三）智能生成课堂的特征

1.智能生成课堂注重整体性

在智能生成课堂中，要树立学生全面发展的观念，切实关注学生的各种智能的培养，找准切入点，注重学生各种智能的和谐生成和发展。

2.智能生成课堂强调差异性

由于受各种不同环境和教育的影响和制约，每个人的智能各具特点，这就是智能的差异性。在智能生成课堂中，教师要注重因材施教，要充分发展生成学生的智能强项，不忽视学生的智能弱项。

---

①王静.初中道德与法治课教学预设与教学生成的行动研究[D].兰州:西北师范大学,2021.

3.智能生成课堂突出实践性

智力是个体解决问题的能力，是生产及创造出社会需要的有效产品的能力，是每个人在不同方面不同程度地拥有一系列解决现实生活中实际问题特别是难题的能力，同时也是发现新知识的能力。智能生成课堂中特别强调预设培养学生能力的具体的实践活动，在实践活动中培养学生的智能，生成学生的思想，训练学生的思维。

4.智能生成课堂重视开发性

人的多元智能发展水平的高低关键在于开发，而帮助每个人彻底开发潜在能力，需要建立一种教育体系，能够以精确的方法来描述每个人智能的演变。学校教育应是开发智能的教育，其宗旨是开发学生的多种智能，并帮助学生发现其智能的特点和业余爱好，促进其发展。在智能生成课堂中，应特别注重通过教学活动挖掘开发学生的智能潜能。

5.智能生成课堂关注学生的参与性

知识的生成离不开学生积极的心智建构，因此，指向生成性的课堂教学，必须以学生的主体参与为前提条件。只有通过学习主体的积极参与，才能真正达到有效生成的目的。从知识的角度来看，对于个体而言，所谓学习知识并不是单纯地获得现成的结论，不经历真正的经验生长和知识建构过程，是不能将公共知识"转化"为个体知识的。只有让学习主体真正参与到学习过程中，才能有效地促进个体知识的生成和发展。从课程的角度来看，只有课程运行中的学生主体参与到整个过程中，才能有效地调动学生个体的能动性和创造性，从而促进课程资源的不断生成与转化，并通过学生的建构、感悟和体验，使其进一步获得意义。此外，主体的参与也离不开师生之间的交往互动。而交互性主要表现为主体参与教学行为的依存性，强调"教"与"学"的相互作用、相互影响。在生成性教学观下，师生、生生互动会形成一个有利于知识生成的教学场。在这个教学场中，通过教师与学生个体或群体之间的互动性参与，通过学生个体、群体之间的多向互动的参与，使师生之间、生生之间分享彼此的经验和认识，交流彼此的情感和体验，拓展彼此的眼界和视域，并最终使得教学成为立体交叉式的网状结构，为促进教学中知识的有效生成提供可能。

6.智能生成课堂教学过程的非线性

秩序化的存在方式、教学中严密的控制与操纵、程序化的运作是线性教学的显著特征。在线性的逻辑下，复杂、多维的课堂教学极易被简化为教师向学生传递知识的单向过程。非线性思维认为，世界的本质是非线性的，线性不过是非线性的特例。在生成性教学观下，课堂教学过程错综复杂、灵活多变，没有一个固定的模式、一条划定的跑道，这体现出了明显的非线性和复杂性特征。这样，我们就不能对教学过程做简单的线性理解，而要强调具体、特定教学情境下的特殊规律的呈现及作用，更关注在多种因素的交互作用下随机产生的丰富、复杂的变化。正如美国现代著名教育家小威廉·E·多尔所言："今日主导教育领域的线性的、序列性的、易于量化的秩序系统——侧重于清晰的起点和明确的终点，将让位于更为复杂的、多元的、不可预测的系统和网络。"

7.智能生成课堂注重落实教学的创造性

"生成性思维"不仅关注过程的"流"，而且更关注过程的"变"，因为生成的核心强调发展和创造。具体到教学过程中，即人的行为具有不能还原的不确定性，它只具有存在的情境意义和价值。这就意味着在生成性教学观下，教学具有一定的不可预见性，既不能完全由教师单方面决定，又不能都在课前教学设计中预料到。因为课堂教学过程的真实推进是由师生通过讨论、质疑、启发、对话、反思、探究等共同完成的。从某种意义上讲，它是由师生在教学过程中"现编、现导、现演"的，具有较强的"非预计性"，但这种不可预计性正意味着教学创造的可能性。从非线性思维的角度来看，作为非线性的教学系统往往存在间断点、奇异点，而在这些点附近的教学系统行为完全不允许做线性处理。因为非线性因素是教学系统出现分叉、突变等非平庸行为的内在根据。

（四）智能生成课堂对课堂教学改革的意义

多元智能理论和生成性教学思想在教育改革的理论和实践中产生了广泛的积极影响，并且已经成为当前教育改革的重要理论基础之一。运用多元智力理论和生成性教学思想来分析我们的课堂教学问题，对于我们树立多元丰富的课程观、积极乐观的学生观、"对症下药"的教学观和灵活多样的教育评价观，促进教育教学改革和学生全面素质的提高有着重要的积极意义。

1.智能生成课堂体现多元丰富的课程观

新课程的根本目的在于促进学生的全面发展。课程内容不应只是局限于教材，而应该是生活性的、游戏性的和综合性的。在课程内容的选择中，应该关注能引发学生多个智能领域得到发展的内容。课程内容选择应考虑学生的需求和兴趣、多样化和综合性，培养学生对知识学习的兴趣，这样才有利于学生的多元生成。

2.智能生成课堂体现积极乐观的学生观

每个学生都有自己的优势智力领域，有自己的学习类型和方法，学校里不存在"差生"，全体学生都是具有自己的智力特点、学习类型和发展方向的可造就人才。学生的问题不再是聪明与否的问题，而是在哪些方面聪明和怎样聪明的问题。

每个学生都有自身的独特性，教师不仅要认识、掌握学生的差异，而且还要开发学生的差异，使之发展为学生的特长、优势。教师应该根据学生的差异因材施教，突出个性化、多样化的教育。在教学中以学生为主体，对学生进行人文关怀，强调发挥学生的主体性。教师必须了解学生，从学生的知识、能力、兴趣、情感等实际出发因材施教，使教学适应学生，要让学生自己主动感受事物，通过自己观察、分析、思考、探索来激发学习兴趣和创新热情。

3.智能生成课堂体现"对症下药"的教学观

"对症下药"的教学观有两个方面的含义：其一是针对不同智力特点

的"对症下药",其二是针对不同学生的"对症下药"。指同样的教学内容应该针对每个学生的不同智力特点、学习类型和发展方向"对症下药"地进行。

多元智能理论和生成性教学思想的核心是尊重每一个学生的自然个性和公平地看待学生,比较全面地评估个别学生的成就,并发展学生的潜能,从而重建学生的自信和学习兴趣,最终达到个人全面的改进和发展。多元智能理论可体现以下教学观念:每个学生都有各自的优势智力领域,人人拥有一片希望的蓝天;每个学生都具有自己的智力特点和学习风格;学校里不存在"差生"。人才的培养主要取决于后天的环境和教育作用,要更加注重个性的发展,将"全面发展"与"个性发展"有机地结合起来。

教师应当根据教学内容、学生智力特点、学习风格,选择适宜的教学方式、手段,创设多种多样的教学情境,促使其与学生的优势智能倾向、学习喜好、发展偏向吻合起来,并将其优势智能领域的特点迁移到弱势智能领域中去,有效地促进学生发展。在平常的教学中,教师对每个知识点的讲解几乎是千篇一律的,一些学生也许适应这种讲解方式,有些学生也许就不太适应,因此针对不同的内容,教师应采取不同的教学方式,才能取得良好的教学效果。此外,对一些知识点也可以采用分小组学习的方式,不同的小组以自己喜欢的方式来完成教学任务,这样既可以发挥每个学生的优势智能,开展个性化学习,又可以达到较好的教学效果。

4.智能生成课堂体现灵活多样的评价观

评价的导向作用或者说"指挥棒"作用是不言而喻的。根据加德纳的多元智力理论,我们应该摈弃以标准的智力测验和学生学科成绩考核为重点的评价观,而树立多种多样的评价观。我们的教育评价应该通过多种渠道、采取多种形式、在多种不同的实际生活和学习情景下进行,考查学生解决实际问题的能力、创造出初步的精神产品和物质产品的能力。

智能生成课堂确立了多元发展的课堂教学评价观和新型学生观。课堂教学评价一是要着眼于每个人一生的发展，二是要着眼于每个人的一切方面的发展。对学生评价应采用多向激励型评价机制，评价标准应有一定的弹性。教师要了解、分析学生的实际知识水平，客观分析学生层次，正确地把握各类学生的教学要求，精心安排教学环节，激发各个层次学生学习的积极性。学生是具有发展潜能的人，教师应相信每个学生都蕴藏着潜能，预见每个学生都可以被造就。学生还是具有独立个性的人，应关注学生的个性发展，重视学生的分层教学。

评价多元化不仅仅是指评价方法的多样化，更应体现评价主体的多元化、评价内容的层次化。西北师范大学的李宏欣认为，新型学业评价体系应该注重过程管理，体现评价方法的多元化；实现优劣互补功效，体现学习方式的多元化；整合学科内容，体现内容的多元化。笔者认为，在教学评价中，要注重发展性、过程性评价，而不仅仅是看考试成绩，还要看学生参与活动的态度及表现；评价内容更为全面，不但要评价对所学知识点的掌握，还可以评价在学习该知识点时其他知识或能力的掌握；评价手段更为多样，除了教师评价，还可以进行学生互评和自评；评价标准更为科学，要摆脱仅仅把分数当成评价标准的理念。

二、智能生成课堂操作过程解读

在多元智能理论的指导下，为了增强教师的服务意识、生成意识，提高教师的预设能力和调控能力，使课堂教学更具智慧，打造智能生成课堂，笔者在道德与法治的教学实践中探索出了系统的、可操作的、有成效的、具有推广价值的多元智能背景下道德与法治智能生成课堂。它由"创设情境，新课导入；目标展示，课纲解读；自主学习，合作探究；多元展示，交流共享；总结反思，转化迁移；实践营地，检测反馈"六个环节构成。具体操作过程如下。

（一）第一个环节：创设情境，新课导入

好的开头，能在课堂教学之始便像磁石般吸引住学生的目光，从心理上引起学生注意，使其做好上课的准备。课堂教学的导语应具有温故知新、承上启下、生动有趣和启发诱导等特点。新课导入的方法多种多样，应根据具体情况而灵活运用、多元导入。教师可通过语言描绘、实物展示、音乐渲染、图片视频等手段为学生创设一个生动形象的情境，以激起学生学习的兴趣。生成与教学内容有关的思想情感，引起学生思想情感的共鸣，教师因势利导，从而轻松自然地引入新课。

（二）第二个环节：目标展示，课纲解读

教师根据课程标准、课程纲要的要求设计学习目标，通过多媒体、小黑板或者口述等方式出示学习目标，让学生明确学习目标、提高学习效率。学习目标要具体，要简明扼要、通俗易懂。在揭示学习目标时，教师要注意情感的投入，诱导学生尽快明确目标，引导学生通过学习目标概括生成主要的教学内容。

在这一环节要求教师认真学习课程标准，根据课程标准形成课程纲要。课程纲要的编写促使教师深入研究课程标准、考试说明和教材，让教师进一步明确教的标准（教什么、教多少、教到什么程度），有效地指导教学工作；明确学生学的标准（学什么、学多少、学到什么程度），有效地减轻学生负担。因此，教师应根据课程纲要精心编制具体的学习目标。

（三）第三个环节：自主学习，合作探究

在这个环节的教学中，要求教师根据课程标准、课程纲要和教材制定好导学案。导学案的设计要特别注意体现生成性教学思想，留给学生一定的空间，给予一定的弹性，变"刚性的线型设计"为"弹性的块状预设"，把教材内容问题化、活动化。要有利于引导学生复杂思维、生成性思维方式的培养，也要有利于发展学生的多元智能。这个环节有三个层次的要求。

第一步：自主学习，独立思考。学生根据导学案认真看书、独立思考、自主学习。通过独立学习，针对导学案上的问题生成自己的思想、观点、答案。

第二步：合作学习，同伴互助。以小组为单位进行合作探究学习，针对"比较难"和"很难"的问题进行合作学习、探究学习，展开讨论。通过对学或者群学，使自己生成的思想、观点、答案得到纠正和完善。

第三步：重点探究，多元设计。以小组为单位进行重点探究学习，把合作学习后的"比较难"和"很难"的问题分配给小组，进行重点探究，并查阅资料、展开讨论。对重点探究的问题进行多元设计，通过小品、改编歌曲、顺口溜、诗歌、绘画等形式对内容进行多元设计，为多元展示做精心准备。通过重点探究使比较难或者很难的问题得到进一步的解决，使生成的思想、观点、答案得到进一步纠正和完善。通过多元设计，培养学生的多元智能，激发学生的创新热情。这一过程要求小组成员全员参与。

（四）第四个环节：多元展示，交流共享

在教师的引导下，根据导学案，学生分组进行展示。学生先展示小组的智能成果，再展示问题的答案。对于比较容易的问题，学生展示就可以了；对于比较难的问题，学生展示后，教师要适当进行点拨；对于很难的问题，教师在学生展示后要进行重点讲解。教师还需要在学生展示、分析讲解的过程中，自然生成知识信号结构图示。

知识信号结构图示是板书的科学化。它要求教师依据教材的内涵，将知识用线条数码、符号与文字，构成互相联系的网络系统；然后在"教"与"学"的双边活动中逐步形成综合结构图示，使学生理解学科的基本结构。这样以图示意，图文并茂，能够把知识由难变易、由抽象变成形象、由枯燥变成有趣、由单向思维变成多向思维，能激发学生的兴趣，缩短学时，使学生事半功倍地掌握知识。它重视思维的巨大弹性，使学生在理解的基础上去记忆，是符合学生的认识规律的。教师应根据学生自学讨论的情况逐题进行讲解。对于那些浅显易懂的知识，纳入图示中去强化即可，而对重难点知识是非精讲不可的。突出重点，做到精当，能抓关键，在精要的前提下体现"少"，在必要的少的基础上体现"精"。这就要求教师对自己所教学科的教材的熟练程度能做到如数家珍，对于学生的实际情况能了如指掌，加上恰当的教学艺术，讲起课来才能驾轻就熟、得心应手，使学生明确重点、攻破难点，从而获得完整的系统知识。

为了配合这一步教学，教师课前要准备好有关的插图、地图、实物、表格等直观教学设备或生动有趣的故事，以提高学生的兴趣，引起学生的注意，形成知识表象，再配合教师生动清晰的讲解，经过讨论、分析、综合、抽象、概括，形成知识概念，形成知识信号结构图式，使学生理解和掌握知识。

（五）第五个环节：总结反思，转化迁移

本环节根据内容可以设计三个活动。

活动一：自我反思，明理导行。教师要引导学生针对所学的内容进行自我反思、大胆质疑，反思自己的思想和行为是否存在问题、是否存在不恰当的地方。引导学生发自内心深处的反省，激发学生的思想冲突。特别是关于学生品德养成教育的内容，只有认识到了自己的问题，才会更有效地促进学生改造自己，从而生成正确的道德观、人生观。

活动二：创意空间，智能生成。为了达成教育目标，针对教学内容，要求学生设计标语、口号、对联、顺口溜，改编歌曲，说出学生的心里话，提出合理化的建议，发出倡议（任选其中一种形式）。将知识的掌握、能力的培养、情感的升华融于一体，促进学生的多元生成，促进学生全面而有个性地发展。

活动三：课堂总结，大胆质疑。凡是学习过的材料、感知过的事物、体验过的情感、思考过的问题，都可以成为一个人的经验，并在人的头脑中不同程度地保存起来。但这种神经的暂时联系是需要强化的，特别应当在新授课之后及时强化，做好"暂时联系"的巩固工作。因此，教师要引导学生进行总结，以巩固本课重难点知识，加强知识的横向联系和纵向联系，通过教师启发总结，使学生领悟到所学知识主题的情感基调，使所学知识融会贯通，并使这种认识经验转化迁移生成为指导学生思想行为的准则。学生则要根据自己的学习思考，结合自己的实际大胆质疑，这样才能促进学生主体的真正发展。

（六）第六个环节：实践营地，检测反馈

框题内容学习后，设计几个实践性很强的问题，设计问题情境，联系实际灵活运用所学知识，解决实际的问题，生成学生解决问题的能力。

上完一课后，根据课程标准的要求，按照考试的题型，设计一套规范的试题，对学生进行训练。试题的设计要有利于学生答题能力和思想素质的提升。

以道德与法治的课为例，第一课时完成第一、第二、第三个环节，第四个环节根据内容可以安排二到三个课时，第五环节安排一个课时，第六环节安排一个课时。可以把几个框题的内容进行整合，按六个环节进行设计；也可以一个课时对一个框题按照六个环节进行设计。不追求一个课时内教学环节的完整性，但一定要落实每一个教学环节。根据教学内容的特点，有些环节是可以进行调整的。在应用时，不要生搬硬套，必须领会精神实质，灵活运用。教师在各个环节之间，还要讲几句鼓动性的过渡性语言，承上启下，引导学生愉快学习、当堂达标、多元发展、生成知识和能力、提升情感。

智能生成课堂，要求教师根据课前精心设计的导学案和六个环节的具体要求，在课堂的互动状态中及时地调整道德与法治课教学思路和教学行为。在弹性预设的前提下，在道德与法治教学的开展过程中由教师和学生根据教学进展，构建教学活动的过程。在师生、生生合作和对

话、碰撞中，会出现超出教师预设方案的新问题、新情况，并随着教学环境、学习主体、学习方式的变化而变化，若教师采取不同的处理方式会呈现出不同的课堂价值，从而使道德与法治课堂呈现出动态变化的、生机勃勃的特点。智能生成课堂促进学生的多元发展和最佳发展，使学生在生成性的课堂中发展语言、开拓思维、张扬个性、升华情感、完善人格，全面发展学生的多元智能，促进学生全面而有个性的发展。

第三节　"互联网+"背景下的新型课堂

一、"互联网+"新型课堂的特点与价值

"互联网+"背景下，道德与法治新型课堂基于传统课堂有了新的突破与发展，在实现核心素养落地方面独具优势，具体体现在以下几个方面。

（一）学习内容更具现实性、延展性

教材是学生进行学习活动所凭借的话题、范例、提示，它只是学生学习人类文化的一根"拐杖"。学习内容中的知识和信息不是唯一的、最终的目的，是实现调动学生的积极性、促进学生进行自我建构的一个手段。教材因受到地域、学生现状的限制，部分内容并不适合所有地区学生的学习。某些主题的教材信息过时，也不能有效地促进学生的社会性发展。依托"互联网+"，学习内容将不再受此限制，学生可以随时上网，根据需要获取信息，极大程度地拓展学习的资源，更利于课堂的生成与深入。学生在现实生活中的点滴发现或者观察、调查所得，可以随时拍摄照片、视频，通过社交平台或云学习平台，与同学、老师实现无缝交流。学习内容更加生活化、更具现实性……"互联网+"连接了巨大的资源空间，延伸了学习时空，为课堂提供了丰富多元的学习内容。

学生在自主获取学习内容的过程中，选择更为自由、个性更加舒展，学习素养得到全方位的提升。

（二）课堂交流更具交互性、思辨性

传统品德课堂交流，以生生互动、师生互动为主，而基于"互联网+"的新型课堂更多地加入了人人互动、人机互动，这就使得课堂交流更具交互性。师生、生生之间既可以是"一对多"的交流，也可以"点对点"地通过各种交流平台进行交流，使信息得以更快、更广传递。学生在学习的过程中，利用各种人际交往平台或云学习平台，随时接收同学、老师的信息，传递自己的信息，在"一进一出"间，学生需要不断判断、甄选、思辨，在这样的长期交流中，思维品质必将得到提升，其深度及广度都得以拓展。

（三）活动评价更具时效性、针对性

课程标准中明确指出："评价的根本目的是积极促进学生发展，全面了解和掌握学生在道德和社会认知、判断、行为，以及发现和解决问题等方面的能力，以帮助教师改进教学，提高教学的实效性，保证课程目标的实现。它对激励学生的学习热情有着非常积极的作用。"依托"互联网+"，教师可以借助云教学平台，采用量化与模糊化相结合的方式对学生的活动进行即时的评价：可以是量化的分值型评价，可以是星级制评价，可以是语言描述类评价，还可以运用社交平台上的表情来评价。当然，更可以是几种方式相结合的评价。活动评价还可以邀请家长参加，同时还可以通过社交平台发布到更大的范围。教师可以借助平台的即时反馈功能，有针对性地即时调阅某些学生的情况。这样有针对性的即时评价，能促进学生学习动机的迸发，进一步调动学生学习的积极性。这是传统课堂评价所无可比拟的优势。

二、建构新型课堂的基本要求与实施要点

（一）基本要求

第一，"互联网+"新型课堂的建构需要强大的硬件支持。从学校层面讲，需要架设教学实施的云教育环境。校园架设无线网络，并能够稳定安全地运行是新型课堂的必备条件。在新型品德课堂教学中，数十台移动终端互联互通，互动环节需要师生、生生交流，需要实时投屏，因此教室内还需要实时投屏设备。学习过程中，师生需要借助各种 APP、云教育平台、网络调查平台等，这部分资源需要实时更新。鉴于品德课程的生活性及综合性的课程特点，很多时候教学空间将从学校延伸至家庭，因此家庭网络环境的建设也是必不可少的。目前，学生学习的终端也由学校提供阶段转向自带设备阶段，因此家庭至少应给学生配备适合学习的智能终端，便于学生更方便、自主地学习。①

第二，"互联网+"新型品德课堂的建构需要所有参与者理念的更新与积极的行动。任何一项新技术的推广都需要理念的引领，尤其是教育，更需要理念先行。构建新型品德课堂，首先，需要教师理念的转变，走出传统课堂的思维定式。同时，教师要学习相关技术，从技术层面向前迈进，要从同行已有的成功经验中体会新型课堂的生命力。其次，需要转变家长的观念。目前的家长仍然是追求分数的居多，他们认为在中考、高考的压力下，这样的教学改革效率低下、影响学生的学习成绩，不值得推广。因此引导家长更新观念，理解新型课堂教学对学生信息素养、学习素养提升的关键作用势在必行，这样的教学改革也只有在家、校的通力合作下才可能取得较理想的效果。再次，需要加强对学生的技术指导和行为引领。教师开展基于"互联网+"的新型品德课堂教学，需要掌握使用方法，这需要一个学习的过程，包括各种 APP 的使用，网络搜索、信息下载、实时投屏技术的熟练等。从次，交流汇报的方法、态度等也是学习的内容。在这个过程中，学生的思维能力、语言组织及表达能力都能得到较好的发展。最后，还有不可忽视的一点，学生的使用行为需要规范。学生自控能力差，容易沉迷网络，因此不管是

①钟绍春,钟卓,范佳荣,等.智能技术如何支持新型课堂教学模式构建[J].中国电化教育,2022(02):21-29,46.

在课堂学习还是在家庭学习，都需要规范上网的行为，控制使用网络的时间。

第三，"互联网+"新型品德课堂的建构需要教师更深入地钻研教材、理解教材，这是非常重要的一点。并不是所有的品德课堂教学内容都适合采用基于"互联网+"的新型教学，也并不是某一课从头至尾都需要采用新型教学。有些内容，传统的课堂教学比新型课堂更能体现其优越性。因此，如何选择合适的教学内容、合适的教学方式是一个重要的课题。另外，在新型课堂中，使用哪种APP、运用哪个教学平台更为合适，都需要教师提前做好充足的准备。

（二）实践要点

1.架设适合的硬件环境

建构基于"互联网+"的新型品德课堂需要具备几个硬件条件。

有畅通而稳定的无线网络。新型课堂中，师生每人一台智能终端，数十台智能终端同时借助网络或浏览网页、搜集信息；或信息互传、相互分享；或登录平台、自主学习……一切都依赖于安全可靠、稳定运行的无线网络。普通学校可以从架设局部的无线网络开始。例如一个或几个教室，在条件成熟的情况下，建议全校架设无线网络，让每一个独立的学习点形成一个紧密相连、随时互通的学习网，实现随时随地广泛学习，充分发挥新型课堂的优势。当然，每一个家庭也必须开通无线网络，便于学生学习的延伸与拓展。

学校建立专门的"智慧教室"。"智慧教室"是指专门用于开展基于"互联网+"的新型课堂教学的教室，可以是专用教室，条件允许的话，可以推广到学生平时上课的教室，以利于教师、学生随时随地开展学习。教室内除了无线网络之外，至少要配置无线投屏器和投影机，形成全班共享屏，供师生讨论、共享信息等使用。条件许可的话，还可以为每个合作小组配上无线投屏器和HD高清电视，形成小组分享屏，供小组合作学习使用。

适合新型课堂的智慧云平台。合适的云平台有利于新型课堂的顺利开展，一些公共的网络平台有利于学生交流与互动。如班级建立QQ群，学生在群内可以上传作品、相互评价。一些免费的调研平台，如天会调研宝等，可以为教学提供实时调查，并提供数据的汇总、分析等，便于师生从数据中分析情况。还有一些平台，可以提供测试、评价等服务，教师提前利用后台设计好题目，在课堂中学生参与现场答题，平台可以很快分析出答题的数据，出示图表，可以精确到每道题、每个人的答题情况，这些数据既可以作为课堂教学分析的数据呈现，也可以作为每名学生的学习记录保存下来，便于随时查询，学生也可以据此调整自己的学习情况，有利于学生学习素养的提升。因此，基于"互联网+"的新型品德课堂需要学校、教师选择合适的智慧云平台辅助教学的有效开展。

2.实施有效的多方培训

基于"互联网+"的新型品德课堂顺利开展，需要开展多方培训。

首先，教师培训，注重理念更新和技术实践。教师是教学的设计者、实施者，是学生学习的引领者、陪伴者，因此教师的培训至关重要。第一，要引领教师充分认识学科的特点。道德与法治是一门具有开放性、综合性的课程，需要不断拓展教学空间、开发教学资源。认识当下"互联网+"教育的特点，认识到现代云技术给教育带来的契机，给当下的品德课堂带来的生机与活力。要引导教师从传统教学的固有思维中走出来，用开放而现代的眼光看待新事物、接受新事物。第二，要指导教师不断学习新技术，如各种教育平台、APP，学会教学信息的采集、汇总、分析，学会"智慧教室"内各种设备的使用等。学校应该在研究的过程中不断地开展教师培训，引领教师的专业成长。学校邀请专业人员讲课，指导教师学习使用笔记本电脑、学习制作微电影、学习运用平台设计测试题等；对教师进行电子产品使用的培训，学习下载相关APP并尝试使用等；指导教师熟练使用"智慧教室"设备，实时投屏、切换等；

组织各类专项竞赛……丰富多样的培训，使教师迅速掌握技术，为下一步教学的顺利开展奠定良好的基础。第三，针对品德学科特点，结合已有的素材资源开展教学研究。教师从试验年级的教材出发，结合学生当下的学习能力与已有的生活经验，挖掘适合开展新型课堂学习的内容，制订逐步推进研究的计划。在这一思维碰撞的过程中，教师都形成一个共识：开展品德教学使用新型的工具，它辅助教学，促进学生社会性的发展，促进学生素养的形成与提升，但它不是唯一工具，基于"互联网+"的学习也不是唯一的学习方式，在新型课堂与传统课堂的比较中，选择最适合的方式很重要，选择最适合的教学内容也非常重要。教学共识的形成对于新型课堂教学研究起着事半功倍的效果。

其次，学生培训，注重熟练操作与使用规范。作为学习的主体，学生的培训自然是不可忽视的。如今，大部分学生已经接触过电子产品，但这些对于学习来说是远远不够的。因此，学校利用校内课程，由信息技术教师进行专门的培训：申请QQ并熟练使用；学习拍照，并学会上传分享；学会上网，利用搜索引擎搜索自己需要的信息；学习下载文字、图片等；学习制作Keynote；学习将自己终端上的内容分享到小组屏、教室大屏……逐项学习、逐项过关，直至每一个学生都灵活掌握，这可以说是一项巨大的工程。另一项持久而困难的工程是学生使用电子产品的行为规范。使用电脑上课，对于每一个学生来说都是新奇的，于是有的学生课堂上就会不听指挥，其余学生在分享交流的时候，他还沉浸在自己的世界中，不能跟上班级学习的节奏。因此，要制定严格的使用规范，如教师没有通知带设备，就不能将设备带到学校；未到需要使用的时间，不得将设备拿出使用（学生将设备带来后，都放在专属于自己的储物小柜中）；课上按照要求学习，不浏览不良网站；课后不随意玩游戏；等等。这一系列规定，加上家校的通力合作，逐渐将学生带入正轨，减少课堂上不规范使用设备的情况，切实提高了课堂效率。

最后，家长培训，注重意识的转变和指导能力的提升。当今社会虽然提倡素质教育，注重学生全面能力的培养，但对于绝大多数家长来说还是"分数至上"。如何转变家长的传统理念，让家长接受这种新型的学习方式，并能与学校形成合力，共同培养学生的素养，是一个不可回避的重要问题，也需要一个具体的、渐进的过程。通过家长调研、专题讲座、观看优秀实录、课堂实际参与等形式，让家长逐步认识到这是一种在全球蓬勃发展的学习方式，要放眼未来，用长远的目光看待学生的学习；引导家长认识到新型课堂教学方式将进一步提升学生的学习能力，促进学生信息素养的提高，有助于学生开展自主合作探究的学习。此外，学校也需要对家长进行技术方面的指导与培训，使他们能熟练掌握各种平台、APP的使用，当学生在学习中出现问题时能够提供及时、恰当的帮助。

3.逐步深入的课堂研究

实践是检验真理的唯一标准。对于教育研究来说，一切理念、一切准备都只有到课堂中去实践才会得到验证，才会发现问题，从而不断改进教学方案，以达到提升学生核心素养的目的。而这个过程需要教师有足够的耐心，切忌急功近利、操之过急。因为教育对象毕竟是学生，他们接触新事物需要一个过程，熟练使用、创新使用更需要一个不断实践的过程。

"互联网+"背景下的新型品德课堂必须"软硬兼施"，既要有稳定、安全的硬件保证，又要重视教师、家长、学生的理念转变、技术跟进，更需要教师根据学生的身心特点、学习能力，有计划地在学科教学中逐步深入研究。

参考文献

[1]柴唤友，陈丽，郑勤华，等.学生综合评价研究新趋向：从综合素质、核心素养到综合素养[J].中国电化教育，2022(03)：36-43.

[2]崔含.中华优秀传统文化融入思想道德与法治课的内在逻辑和创新路径[J].中学政治教学参考，2022(36)：48-50.

[3]冯伟娥.新课标背景下道德与法治课教学融入劳动教育的思考[J].中学政治教学参考，2023(07)：62-64.

[4]黄心仪.基于核心素养的初中信息技术课程学习评价研究[D].呼和浩特：内蒙古师范大学，2020.

[5]雷浩.基于核心素养的课程评价：理论基础、内涵与研究方法[J].上海师范大学学报(哲学社会科学版)，2020，49(05)：78-85.

[6]李松林，贺慧.整合性：核心素养的知识特性与生成路径[J].教育科学研究，2020(06)：13-17.

[7]刘彤.小学道德与法治教材落实生命安全与健康教育的思考[J].课程·教材·教法，2023，43(01)：104-108，145.

[8]罗莉.核心素养下道德与法治新课标一体化思考[J].中学政治教学参考，2023(07)：42-44.

[9]任星星.形成性评价在初中道德与法治课中的运用研究[D].济南：山东师范大学，2019.

[10]汤小凤.初中道德与法治课教学资源整合运用研究[D].杭州：杭州师范大学，2019.

[11]唐良平.让体验式学习真实发生：以初中《道德与法治》教学为例[J].思想政治课教学，2022(07)：44-46.

[12]唐柳燕.初中《道德与法治》课教学中的爱国主义教育研究[D].扬州：扬州大学，2022.

[13]唐萍，仲伟松.立足核心素养达成三维目标：以初中《道德与法治》教学为例反思三维目标融生[J].盐城师范学院学报(人文社会科学版)，2019，39(04)：112-116.

[14]唐艺祯.中小学教师核心素养教育胜任力及培育研究[D].重庆：西南大学，2020.

[15]王静.初中道德与法治课教学预设与教学生成的行动研究[D].兰州：西北师范大学，2021.

[16]王笑地.基于学科核心素养的教学目标结构及其表述[J].教育与教学研究，2021，35(01)：28-39.

[17]王亚楠.探究式教学在七年级《道德与法治》课中的应用研究[D].武汉：华中师范大学，2021.

[18]张燕.道德与法治教学情境创设的基本原则和策略[J].小学教学参考，2021(03)：75-76.

[19]钟柏昌，李艺.核心素养如何落地：从横向分类到水平分层的转向[J].华东师范大学学报(教育科学版)，2018，36(01)：55-63，161-162.

[20]钟绍春，钟卓，范佳荣，等.智能技术如何支持新型课堂教学模式构建[J].中国电化教育，2022(02)：21-29，46.

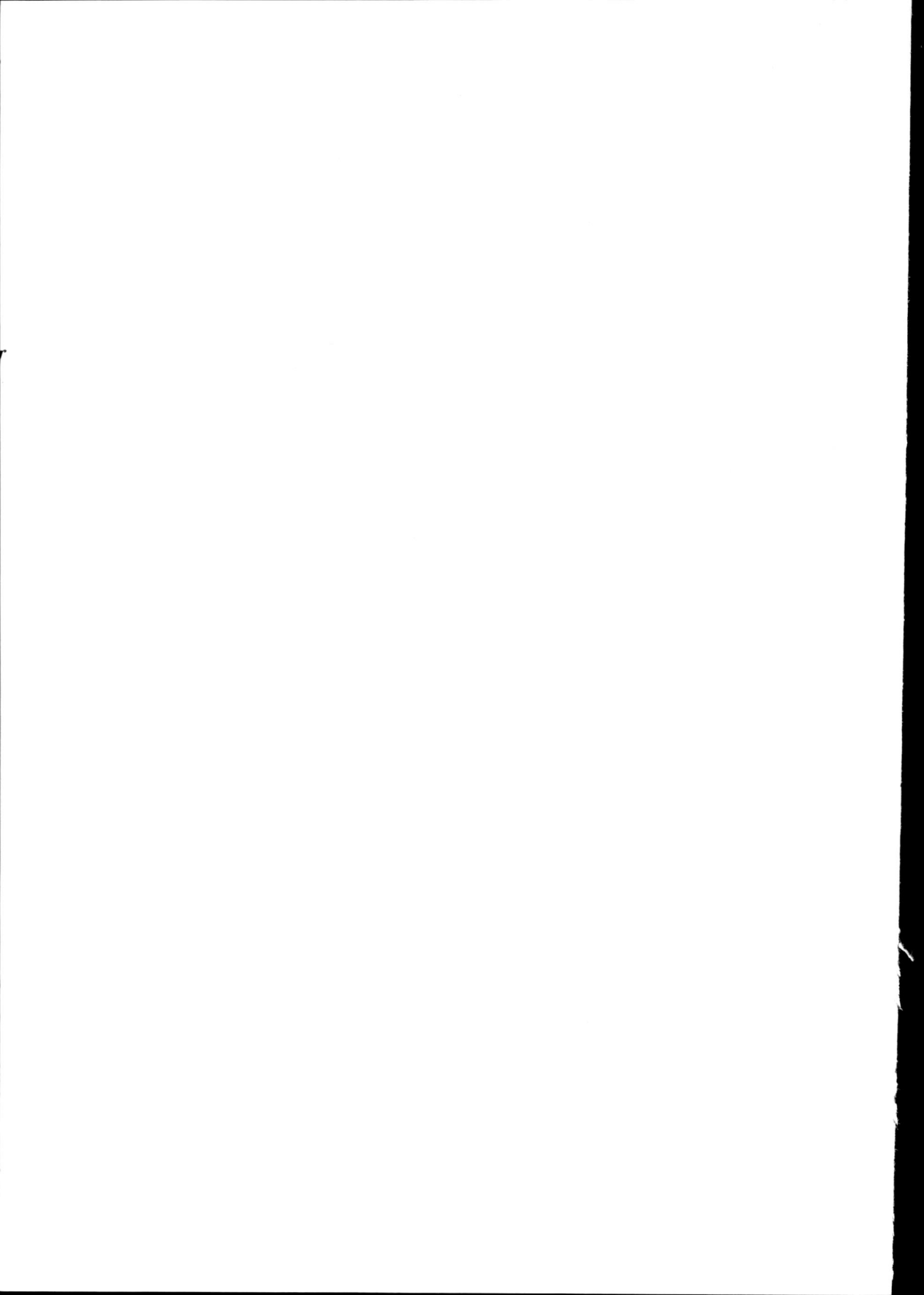